AIDE-MÉMOIRE

POUR LA

TAXE DES ACTES NOTARIÉS

ET

COMMENTAIRE DE LA LOI DU 5 AOUT 1881

SUR LA

PRESCRIPTION

Des actions en taxe, en paiement Et en restitution des frais et honoraires des notaires. avoués, huissiers, experts, etc.

PAR

H. CLÉMENT

CONSEILLER A LA COUR D'APPEL DE DOUAI

AUTEUR : d'un *Essai sur les usages locaux du Pas-de-Calais; d'Etudes sur le droit rural et civil; de questions pratiques sur l'hypothèque légale de la femme mariée, du mineur et de l'interdit; d'un commentaire de la loi du 28 février 1880 sur l'aliénation et la conversion en titres nominatifs, de valeurs mobilières appartenant à des mineurs et interdits; du droit rural expliqué etc.*

Prix . . . . 0 fr. 80 cent.

ARRAS

Imprimerie SUEUR-CHARRUEY

20 ET 22 PETITE-PLACE

1883

AIDE-MÉMOIRE

POUR LA

TAXE DES ACTES NOTARIÉS

ET

COMMENTAIRE DE LA LOI DU 5 AOUT 1881

SUR LA

PRESCRIPTION

**Des actions en taxe, en paiement
Et en restitution des frais et honoraires des notaires,
avoués, huissiers, experts, etc.**

PAR

H. CLÉMENT

CONSEILLER A LA COUR D'APPEL DE DOUAI

AUTEUR : d'un *Essai sur les usages locaux du Pas-de-Calais;
d'Etudes sur le droit rural et civil;
de questions pratiques sur l'hypothèque
légale de la femme mariée, du mineur et de l'interdit;
d'un commentaire de la loi du 28 février 1880 sur l'aliénation et la
conversion en titres nominatifs, de valeurs mobilières
appartenant à des mineurs et interdits;
du droit rural expliqué etc.*

ARRAS
Imprimerie SUEUR-CHARRUEY
20 ET 22 PETITE-PLACE

1883

AVANT-PROPOS

Notre intention n'est pas de faire un traité sur la taxe des actes notariés; nous ne pourrions mieux faire que ce qu'a dit et écrit M. Amiaud dans son *tarif général et raisonné des notaires*. Nous mettons simplement au jour quelques notes par nous recueillies dans nos études, et nous publions surtout le Commentaire de la loi du 5 août 1881. Nous entrons dans des détails sur les honoraires, déboursés et droits d'enregistrement qui sont applicables aux actes les plus usités dans le notariat; et il devient facile d'en faire le décompte.

Puisse ce travail être de quelqu'utilité aux magistrats taxateurs, aux officiers ministériels, avoués, huissiers, experts, et surtout aux notaires et à leurs nombreux clients.

Douai, mai 1883.

H. Clément.

TEXTE

DE LA LOI DU 5 AOUT 1881 RELATIVE A LA PRESCRIPTION DES ACTIONS EN TAXE, EN PAYEMENT ET EN RESTITUTION DES FRAIS ET HONORAIRES DES NOTAIRES, AVOUÉS ET HUISSIERS.

Article 1er. — L'action des notaires en payement des sommes dues pour les actes de leur ministère se prescrit par 5 ans à partir de la date des actes. La prescription ne cesse de courir que lorsqu'il y a eu compte arrêté, reconnaissance, obligation ou citation en justice non périmée ; les art. 2275 et 2278 civ. sont applicables à cette prescription.

Pour les actes dont l'exécution est subordonnée au décès, tels que les testaments et donations entre époux pendant le mariage, les 5 ans ne dateront que du jour du décès de l'auteur de la disposition.

Art. 2. — Les demandes en taxe et les actions en restitution des honoraires dûs aux notaires pour les actes de leur ministère se prescriront, par 2 ans, du jour du payement ou du règlement par compte arrêté, reconnaissance ou obligation.

Art. 3. — La taxe des actes notariés régulièrement faite par le président du tribunal donnera ouverture à un exécutoire qui sera délivré, sur la réquisition du notaire, par le greffier. Cet exécutoire sera susceptible d'opposition de la part de la partie.

Les oppositions à taxe seront jugées en audience publique comme en matière sommaire.

Les jugements seront susceptibles d'appel dans les délais et formes ordinaires.

Art. 4. — Les demandes en taxe et toutes actions en restitution des frais et honoraires contre les avoués ou huissiers seront prescrites par 2 ans, du jour du jugement ou du règlement par compte arrêté, reconnaissance ou obligation.

Art. 5. — La présente loi sera applicable aux payements et règlements effectués pour les actes passés antérieurement à ce jour; et les prescriptions commencées, et pour lesquelles il faudrait encore, d'après les lois actuelles, plus de 2 ans ou de 5 ans, seront acquises par l'expiration de ces délais, en suivant les distinctions déterminées par les articles précédents, à compter de la promulgation de la présente loi.

Art. 6. — La présente loi est applicable à l'Algérie et aux colonies.

CHAPITRE Ier.

ÉCONOMIE DE LA LOI NOUVELLE.

1. Les questions relatives à la prescription de l'action des officiers ministériels pour le paiement de leurs frais et honoraires ont donné lieu à bien des controverses. A l'égard des avoués et huissiers, la loi s'était prononcée. L'art. 2272 civ. limite à une année l'action des huissiers ; celle des avoués est fixée à 2 ans par l'art. 2275 ; mais rien n'était décidé à l'égard des notaires. Aussi appliquait-on à ceux-ci la prescription trentenaire. De plus, les avoués seuls avaient le droit d'obtenir du greffier un exécutoire contre la partie qui n'acquittait pas les frais dûs par elle. Quant aux notaires, ils ne pouvaient recourir à cette mesure que pour le remboursement des avances par eux faites à l'enregistrement, et encore, en ce cas, fallait il qu'ils s'adressassent au juge de paix de leur canton. (Loi du 22 frimaire an VII, art. 30).

Il résultait de cette situation des inconvénients très sérieux. D'une part, la faculté de requérir la taxe, étant considérée comme d'ordre public, la partie, qui avait acquitté les frais dûs à son notaire, conservait, pendant 30 ans, le droit d'élever des réclamations contre ce paiement ; — d'autre part, le notaire, qui n'avait pas été soldé, pouvait, pendant le même laps de temps, poursuivre son client. Or, comme on le faisait observer au Sénat, le temps apporte vite des modifications profonde dans l'état et les conditions des personnes, et, trop souvent, après nombre d'années, ce sont les héritiers des notaires et ceux des parties à l'acte, qui sont en présence. — Comment fournir alors au juge taxateur les renseignements qui doivent l'éclairer ? comment lui signaler les soins, les démarches, les conférences nécessitées pour la rédaction des actes donnant droit à des salaires légitimes, quand le temps a effacé les souvenirs, quand le notaire a cessé ses fonctions, quitté sa résidence, ou que ses héritiers sont appelés à répondre ?

La loi du 5 août 1881 vient de modifier cette situation. L'économie de cette nouvelle loi est très simple. L'article premier s'occupe de la prescription que les clients peuvent opposer à un notaire qui leur réclame des sommes dues pour les actes de son ministère, ce qui comprend les déboursés et les honoraires. La durée de cette prescription, qui était de 30 ans, est réduite à 5 ans. Cette durée part de jour de l'existence de la créance, c'est à dire de la date des actes. Et si leur exécution est subordonnée au décès, tels que les testaments et les donations entre époux pendant le mariage, les 5 ans ne dateront que du jour du décès de l'auteur de la disposition. La prescription ne cesse de courir que lorsqu'il y a eu compte arrêté, reconnaissance, obligation ou citation en justice non perimée. Les articles 2275 et 2278 du Code civil sont applicables à cette prescription. Ainsi ceux auxquels ces prescriptions sont opposées, peuvent déférer le serment à ceux qui les opposent sur la question de savoir si le coût des actes a été véritablement payé. Cette prescription quinquennale court aussi contre les mineurs et les interdits, sauf leur recours, s'il y a lieu, contre leurs tuteurs.

L'art. 3 de la nouvelle loi indique la procédure que doit suivre un notaire qui veut obtenir paiement des frais des actes qu'il a reçus. Il porte sa demande devant le président du tribunal de première instance de sa résidence qui, après vérification, arrêtera la taxe conformément au tarif, s'il s'agit d'actes qui y sont compris, et selon son appréciation s'il s'agit d'actes non tarifés. Cette taxe donnera ouverture à un exécutoire qui sera délivré sur la réquisition du notaire, par le greffier. Cet exécutoire sera susceptible d'opposition de la part de la partie. — Les oppositions à taxe seront jugées en audience publique, comme en matière sommaire. Les jugements seront susceptibles d'appel dans les délais et les formes ordinaires. — Cette procédure de l'exécutoire et de ses suites est une innovation très avantageuse pour tous les intéressés.

Il peut se faire qu'un client paie au notaire ses honoraires, sans recourir à la taxe. Bientôt il s'aperçoit que, selon lui, ces honoraires sont exagérés ; et malgré le paiement qu'il a fait, il peut encore recourir à la taxe, et actionner le notaire en restitution de ce qu'il croit avoir payé en trop. Cette demande en taxe et cette action en restitution se prescrivent par 2 ans, du jour du paiement ou du règlement par compte arrêté, reconnaissance ou obligation.

L'art. 4 est le résultat d'un amendement fondé sur les mêmes considérations que celles qui avaient dicté l'art. 2. L'action des avoués et des huissiers, en paiement de leurs frais, étant limitée à une durée de 2 ans, il n'est pas juste que ces officiers ministériels soient exposés, pendant une période de temps plus considérable, à un recours de la part des clients qui ont volontairement acquitté leur dette.

Cette nouvelle loi est applicable aux paiements et règlements effectués pour les actes passés avant le 5 août 1881 ; et les prescriptions commencées et pour lesquelles il faudrait encore, d'après les lois actuelles, plus de 2 ans ou de 5 ans, seront acquises par l'expiration de ces délais, en suivant les distinctions déterminées par les articles précédents, à compter de la promulgation de la loi nouvelle. — Ainsi, à partir du 5 août 1883, un client qui aura payé des frais à un notaire, à un avoué, à un huissier, sans exiger de taxe, ne pourra pas en demander une, ni la restitution de ce qu'il aurait payé en trop, pour les actes antérieurs au 5 août 1881.

La loi nouvelle est applicable à l'Algérie et aux colonies.

De l'ensemble de cette loi, il résulte :

1° Que la prescription est acquise contre le notaire par le fait seul de l'expiration du délai déterminé par la loi, et qu'il ne peut invoquer contre la partie à laquelle il réclame des frais et honoraires, aucune preuve de nature à établir qu'elle ne soit pas libérée, quand bien même il serait resté détenteur des titres, grosses et pièces quelconques. Le droit du notaire, en pareil cas, se borne à déférer à son adversaire le serment dans les termes de l'art. 2275 du Code civil ;

2° Que la prescription édictée par la loi nouvelle n'a trait qu'aux frais et honoraires proprement dits résultant de l'accomplissement des actes qui rentrent essentiellement dans les attributions des officiers ministériels, mais qu'elle ne s'étend pas à ceux qu'ils ont exécutés ou aux avances qu'ils ont faites, comme mandataires de leurs clients. L'action en remboursement de ces avances continue alors à n'être prescriptible que par 30 ans.

C'est le cas du notaire chargé de payer des droits de mutation après décès. (Colmar, 9 juin 1870) ;

3° Qu'à l'égard des avoués, la prescription de 2 ans (art. 2273 civ.), s'applique même dans le cas où ils ont obtenu la distraction des frais. (Lyon, trib. 20 nov. 1869) ;

4° Qu'enfin le délai de l'opposition à la taxe des actes notariés est le même que celui de l'opposition à un jugement par défaut (art. 162, proc.) et non de 3 jours, comme l'exige, à l'égard des avoués, l'art. 6 du 2e décret du 16 février 1807.

CHAPITRE II.

FRAIS DES ACTES NOTARIÉS.

2. La liquidation des frais dûs aux notaires se compose de deux éléments : les déboursés et les honoraires. Les honoraires eux-mêmes se classent en deux catégories : les honoraires résultant d'actes légalement et spécialement tarifés et d'actes non tarifés.

Pour obtenir le remboursement de ses avances, le notaire avait le choix entre deux modes de procédure : ou bien, il s'adressait au magistrat taxateur, lequel vérifiait si les avances avaient été réellement faites ; et si elles étaient justifiées, il les admettait en liquidation ; — ou bien le notaire obtenait un exécutoire du juge de paix. Cette faculté lui était accordée par l'art. 30 de la loi du 22 frimaire an VII, ainsi conçu : « Les officiers publics qui, aux termes des dispositions précédentes, auraient fait pour les parties l'avance des droits d'enregistrement, pourront prendre exécutoire du juge de paix de leur canton pour leur remboursement. L'opposition qui serait formée contre cet exécutoire, ainsi que toutes les contestations qui s'élèveraient à cet égard seront jugées conformément aux dispositions portées par l'art. 65 de la présente, relatives aux instances poursuivies au nom de la nation ». — Or, l'art. 65 porte que l'introduction et l'instruction des instances auront lieu devant les tribunaux civils d'arrondissement ; que l'instruction se fera par simples mémoires. Il règle ensuite le surplus de la procédure devant le tribunal, et celle du recours en cassation. Tout cela était sans difficulté. Seulement, l'art. 30 sus relaté ne parlait pas des déboursés de papier timbré ; mais la jurisprudence autorisait à les comprendre dans l'exécutoire.

Il ne pouvait y avoir de difficulté pour le juge de paix qui délivrait l'exécutoire, il suffisait qu'il se fît représenter la minute, afin de vérifier les droits d'enregistrement qui avaient été avancés par le notaire. Cependant si la mention de l'enregistrement indiquait le paiement d'amendes ou de doubles droits, le juge de paix ne devait pas délivrer d'exécutoire, car ces droits fiscaux avaient pu être occasionnés par la faute, la négligence ou l'impéritie du notaire. Dans ce cas, tous les droits devaient être réservés. Dans le cas d'amendes ou de doubles droits encourus, il a été jugé qu'ils ne doivent pas rester à la charge du notaire, si la partie ne l'avait pas mis à même de faire les déclarations ou d'acquitter les droits simples en temps utile.

Les notaires avancent toujours le timbre et l'enregistrement de leurs actes. Ils sont personnellement responsables vis à vis de l'administration du paiement de ces droits. S'ils sont importants, ils peuvent se faire couvrir à l'avance du montant des droits à payer.

La loi nouvelle abroge la procédure d'exécutoire délivré par le juge de paix. L'art. 1er comprend toutes les sommes dues pour les actes du ministère des notaires, aussi bien les *avances* et *déboursés* que les *honoraires*. Cette action est soumise à la procédure de l'art. 2.

3. — Les notaires ont-ils droit aux intérêts des sommes qu'ils ont avancées pour acquitter les frais d'enregistrement, à partir du jour où elles ont été déboursées ? La jurisprudence a été longtemps incertaine sur ce point ; la Cour de cassation a fini par décider, par arrêt du 24 juin 1840, que le notaire est bien le mandataire des parties pour recevoir leurs dispositions, mais qu'il cesse d'agir comme tel, lorsqu'il fait l'avance au Trésor des droits que le fisc prélève sur l'acte passé par lui ; il ne fait que remplir une obligation personnelle que la loi lui impose d'une manière expresse et spéciale, obligation qui dépasse les limites du mandat, qui ne se rattache pas à son exécution finale, et que le notaire ne trouve pas dans la qualité de mandataire, mais bien dans la combinaison de la loi, qui a voulu se donner plusieurs débiteurs directs, pour mieux assurer le recouvrement de ce qui lui est dû. Par conséquent l'art. 2001 civ. ne saurait être applicable au notaire qui a fait de pareilles avances.

En effet, d'après l'art. 29 de la loi du 22 frimaire an 7, les notaires sont tenus d'acquitter les droits d'enregistrement pour les actes passés devant eux. En avançant ces droits, ils n'accomplissent pas un mandat, mais satisfont à une obligation qui leur est imposée par la loi. Donc ils n'ont droit à l'intérêt des avances qu'ils font pour leurs clients à raison des actes qu'ils ont reçus, qu'à partir du jour de la demande (cass. 24 janvier 1853, D. 53.1.29. Douai, 26 juin 1863). — Mais rien ne s'oppose à ce que le notaire stipule que les avances qu'il fera des frais d'enregistrement produiront des intérêts de plein droit, s'il n'en est pas remboursé à une époque déterminée. On objectera en vain qu'une pareille stipulation serait contraire à l'art. 8 de la loi du 25 ventôse an XI, qui défend aux notaires de recevoir les actes où ils ont un intérêt personnel. Rien ne s'oppose à ce que les intérêts soient stipulés par convention expresse, et il n'y a aucune crainte pour la validité de l'acte qui la contient. Une pareille stipulation peut devenir à la vérité une clause de style, lorsque le notaire n'est pas nanti des fonds nécessaires au paiement des droits fiscaux. En présence de cette voie détournée, admise par la Cour suprême, ne vaut-il pas mieux qu'on passe sur la rigueur d'un principe stérile en ses conséquences, ou qu'on admette que les intérêts des avances courront de plein droit. Au surplus, les corps judiciaires, interrogés sur l'uniformité d'un tarif des actes notariés, ont répondu que les déboursés de timbre et d'enregistrement avancés par les notaires devraient produire intérêt de plein droit, à partir du jour de l'acte qui aura motivé ces avances.

CHAPITRE IIIe

DES HONORAIRES POUR LES ACTES LÉGALEMENT TARIFÉS.

4. — Il ne s'agit plus ici de déboursés, mais d'honoraires : les uns résultent d'actes tarifés, les autres d'actes non tarifés. L'embarras n'est pas grand, quand il s'agit de la taxe d'honoraires légalement et spécialement tarifés. Il suffit de voir l'acte et de lui appliquer les honoraires que le tarif indique. Cela n'est susceptible ni de plus, ni de moins. Si cependant le notaire avait fait fraude à la loi, s'il avait compté plus de vacations qu'il n'y a en a eu d'employées, s'il les avait multipliées inutilement et seulement pour émolumenter, s'il avait fait des actes frustres ou nuls par impéritie, imprudence ou mauvaise foi, les honoraires devraient être réduits ou retranchés.

Il n'y a aucune règle qui puisse servir de guide dans ces cas. Tout est dans les impressions et les appréciations personnelles du taxateur. Il ne relève que de sa conviction et des impulsions de sa conscience, sauf le contrôle et la vérification du tribunal, si les parties ou le notaire veulent y recourir.

Les honoraires des notaires sont divisés en droits fixes, proportionnels et vacations. La base de la vacation est la durée du travail qu'exigent certains actes ou opérations.

Les tarifs qui fixent d'une manière légale les droits et honoraires ne prévoient qu'une très minime partie des actes notariés. Examinons succinctement ces tarifs légaux.

Premier décret du 16 février 1807.

5.—L'art. 168 alloue pour chaque vacation de 3 heures, aux notaires de Paris, Bordeaux, Rouen, Marseille, Lille et Nantes. 9 fr.

Aux notaires des villes où il y a une cour d'appel et dans celles où la population excède 30,000 âmes. . . . . . 8 fr.

A ceux des villes où il y a un tribunal de première instance. . . . . 6 fr.

Partout ailleurs . . . . 4 fr.

Cet article s'applique aux compulsoires faits en leur étude (art. 849, proc.) ; — devant le juge, en cas que leur transport devant lui ait été requis (art. 852, proc.) ; — à tout acte respectueux pour demander le conseil des père et mère, ou des aïeuls ou aïeules à l'effet de contracter mariage (art. 151 à 154, civ.) ; — aux inventaires après décès (art. 941 et suiv. proc.) ; — en référé devant le président du tribunal, s'il s'élève des difficultés ou s'il est formé des réquisitions pour l'administration de la communauté ou de la succession, ou pour tous autres objets (art. 944 proc.) ; — à tous les procès-verbaux qu'ils dresseront en tous autres cas, et dans lesquels ils seront tenus de constater le temps qu'ils y auront employé (art. 977, 978, proc., etc.) ; —

au greffe pour y déposer la minute du procès-verbal des difficultés élevées dans les partages, contenant les dires des parties (art. 977, proc.). — En pratique, ce dépôt de minute n'a jamais lieu, on prend une expédition de ces procès-verbaux pour la produire au tribunal.

Cet art. 168 est simplement démonstratif et s'applique par analogie à tous les actes similaires à ceux qu'il énonce. Cependant on rencontre souvent certaines difficultés.

Ainsi, doit-on accorder une vacation pour faire opérer la transcription au bureau des hypothèques? La négative est généralement admise, car le notaire n'est pas obligé de se rendre personnellement au bureau des hypothèques pour faire opérer cette transcription ; il charge ordinairement de ce soin un clerc de l'étude. Toutes ces demarches, qui se font pour plusieurs actes à la fois sontsuffisamment rémunérés parles honoraires généraux attachés à l'acte à transcrire.La même solution s'applique à l'inscription des bordereaux hypothécaires. Cependant en cas de renouvellement, certains notaires demandent une vacation.

Il n'est pas dû non plus aux notaires, ni frais de voyage, ni vacation pour faire enregistrer leurs actes ; ils ne sont pas dans l'usage d'en réclamer. Ils font, en général, remettre et reprendre ces actes à l'enregistrement par les employés de leur étude. C'est une dépense qui tombe à la charge de leurs frais généraux.

Il n'en saurait être de même pour l'apport au greffe des testaments olographes ou mystiques, et pour leur retrait, dans les conditions de l'art. 1007 civ. C'est en sa qualité de notaire qu'il les présente au greffe (au moins quand il s'agit de testaments mystiques) ; et c'est aussi en cette qualité, qu'il les en retire. Il y a donc lieu d'appliquer à ces cas, et par analogie, l'art. 168 du tarif de 1807.

6. — Comment doivent se compter les vacations ? S'il n'y en a qu'une, elle doit être comptée comme complète,quoi qu'elle n'ait pas duré 3 heures. S'il y en a plusieurs et que la dernière ait duré moins de 3 heures, celle-ci ne doit pas être taxée comme complète. Il y a lieu d'admettre le fractionnement de l'émolument accordé par chaque vacation, à raison du nombre d'heures employées pendant le temps qu'a duré la dernière vacation commencée. Ce calcul a été appliqué, par la Cour de Poitiers, à un notaire qui affectait de ne faire qu'une heure dans la dernière vacation de chaque journée, et qui, pour le calcul de ses émoluments, employait cette heure comme une vacation complète.

L'art. 151, § 5, du susdit tarif de 1807, porte : « Il ne sera passé aux juges de paix, aux experts, aux avoués, aux notaires, et à tous les officiers ministériels que 3 vacations par jour, et quatre quand ils opèrent hors le lieu de leur résidence. »

7.—L'art. 169 du tarif de 1807 dit que, dans tous les cas où il est alloué des vacations aux notaires, il ne leur est rien passé pour les minutes de leurs procès-verbaux. Ils n'ont droit qu'aux débours d'enregistrement, de timbre et autres. Ils peuvent être réduits dans leurs vacations, si leur nombre paraît exagéré au magistrat taxateur.

8. — Aux termes de l'art. 170, le transport des notaires est rémunéré au moyen de la vacation, avec ses taux divers, suivant la classe à laquelle appartient l'officier ministériel. Ces frais de transport se composent de trois éléments : des frais de voyage et de nourriture, de l'indemnité pour chaque journée, et de l'indemnité pour frais de séjour. Il est alloué pour tous frais de voyage et de nourriture, par chaque myriamètre un cinquième des vacations, et autant pour le retour. Il est alloué par journée, qui est compté à raison de 5 myriamètres, aussi pour l'aller et le retour 4 vacations. Si le voyage a eu lieu pour représenter des pièces de comparaison en vérification d'écriture ou arguées de faux, ou en inscription de faux incident, la vacation de séjour sera uniforme pour tous les notaires des départements, c'est à dire de 6 fr. 75 c. pour ceux-ci, et de 9 fr. pour les notaires de Paris. Quant aux vacations pour le transport, elles sont calculées conformément à l'art. 170.

Prenons un exemple : un notaire d'un canton rural est appelé à 10 myriamètres de sa résidence pour y présenter une de ses minutes qui servira de pièce de comparaison dans une vérification d'écriture. Il lui sera dû :

1° Deux journées de 4 vacations, chacune donnant 4 fr. par vacation ; pour chaque journée 16 fr. ; et pour deux journées.	32 fr.
2° A titre d'indemnité de frais de voyage et de nourriture pour chaque myriamètre 3 fr. 25 faisant un 5e de 16 fr., et pour 10 myriamètres.	32
En tout.	64 fr.

Autant pour le retour. 64

Au total. . . . . 128 fr.

3° Et si le notaire a été retenu pendant toute la journée devant le juge commissaire ou le greffier, il lui sera dû 4 vacations en sus (4 × 6-75). 29

Ce qui donne un total de. . . . . 157 fr.

Les frais de transport seront plus que doublés, s'ils sont dus à un notaire de Douai, Lille, Dunkerque et Boulogne, car les vacations se comptent à raison de 8 fr. 10 l'une, dans les villes où il y a une Cour d'appel, ou dont la population excède 30,000 âmes. La vacation est de 6 fr. dans les villes où il y a un tribunal de 1re instance. Elle n'est que de 4 fr. partout ailleurs, comme nous l'avons vu par notre exemple.

Ce chiffre peut paraître très élevé, mais il est le résultat des textes mêmes. Ainsi, si le même notaire, pour la même cause mais poursuivie à la requête du ministère public, avait fait le même transport, il aurait obtenu :

1° Pour frais de voyage, art. 15 et 91 combinés du décret du 28 juin 1811 . . . . 50 fr.

2° Pour 4 vacations, art. 66 du décret de 1807 et 13 de celui de 1811 combinés 29

Total . . . . . . 79 fr.

Ainsi en matière criminelle, le notaire aura moins de la moitié, pour ses frais de transport, qu'en matière civile.

9.—En matière criminelle l'indemnité est réglée par myriamètre et demi-myriamètre. Les fractions de 8 ou 9 kilomètres seront comptées pour un myriamètre, et celles de trois à 7 kilomètres pour un demi-myriamètre. Ce calcul n'est pas admis en matière civile, l'allocation n'est acquise que par chaque myriamètre réellement parcouru, sans qu'il y ait lieu d'avoir égard aux fractions de myriamètre commencé (anal. cass. 10 août 1863. D. 63, 1. 475).

Maintenant que les moyens de locomotion sont beaucoup plus prompts qu'en 1807, il serait équitable de ne prendre pour indemnité de déplacement que le prix du temps réellement employé. Mais cette considération ne peut avoir aucune influence sur la taxe, dans l'état actuel des choses.

10. — C'est encore la vacation qui sert de base pour déterminer les honoraires du notaire, pour la formation des comptes que les co-partageants peuvent se devoir, de la masse générale de la succession, des lots et des fournissements à faire à chacun des co-partageants. Le juge taxateur arbitre une somme correspondante au nombre des vacations qui ont pu être employées à la confection de l'opération. (Art. 171; tarif de 1807.)

Dans la pratique, on alloue souvent un droit proportionnel dans les partages et liquidations, droit fondé sur l'importance des valeurs en contestation et sur les difficultés de l'opération.

11. — L'art. 172 a été abrogé et remplacé par l'art. 14 de l'ordonnance du 10 octobre 1841 sur les ventes judiciaires des biens immeubles. Il est alloué aux notaires sur le prix des biens jusqu'à 10,000 fr. par 100 fr. . . . . 1 fr.

Sur la somme excédant 10,000 fr. jusqu'à 50,000 fr. par 100 fr. . . . . 50 c.

Sur la somme excédant 50,000 fr. jusqu'à 100,000 fr. par 100 fr. . . . . 25 c.

Sur l'excédant de 100,000 fr. indéfiniment par 100 fr. . . . . 12 c. 1/2

Ils ont en outre droit pour la rédaction de la grosse du cahier des charges, par rôle contenant 25 lignes à la page et 12 syllabes à la ligne, à 2 fr. à Paris, Lille, etc.; — à 1 fr. 80 c. dans les villes où siège une Cour d'appel ou ayant une population excédant 30,000 âmes; — à 1 fr. 50 c. dans les autres villes et les cantons ruraux.

Au moyen de ces allocations, les notaires sont chargés de la rédaction du cahier des charges, de la réception des enchères et de l'adjudication, sans pouvoir rien exiger pour les minutes des procès-verbaux d'adjudication.

La Cour de cassation a décidé par maints arrêts et notamment par arrêt du 8 mai 1858, que la remise des notaires, contrairement à celle des avoués, doit se calculer sur la totalité du prix des biens vendus sans distinction entre le cas où les lots se composent de fractions d'un même immeuble et celui où ils sont formés d'immeubles distincts.

Lorsque les lots sont le produit du morcellement d'un même immeuble, le dépouillement des titres de propriété n'exige ni plus de temps, ni plus de soins que si cet immeuble était vendu en bloc. Au contraire, lors que ce sont des immeubles distincts qui sont vendus ensemble, les titres de chaque lot exigent un examen particulier qui rend ce travail plus long et plus difficile, d'où la nécessité de le rémunérer davantage. Aussi les notaires soutiennent avec quelque fondement que l'art. 11, § 15 leur est applicable, aussi bien qu'aux avoués. Ils demandent donc que ce paragraphe soit applicable aux ventes qui leur sont renvoyées par justice, comme à celles qui ont lieu à la barre du tribunal. Ainsi le montant de leurs honoraires proportionnels serait calculé sur le prix de chaque lot, séparément lorsque les lots seront composés d'immeubles distincts.

Les notaires n'ont pas le droit de faire les affiches pour les ventes judiciaires d'immeubles. Ce droit est réservé aux avoués, par le § 4 de l'art. 14 de l'ordonnance du 10 octobre 1841, et par une décision ministérielle du 20 août 1841.

Tous les actes des notaires, notamment les partages et les ventes volontaires qui auront lieu pardevant eux, seront taxés par le président du tribunal de leur arrondissement suivant leur nature et les difficultés que leur rédaction aura présentées, et sur les renseignements qui leur seront fournis par les notaires et les parties.

Nous examinerons plus loin le pouvoir du président pour la taxe, et nous donnerons un tableau des nombreux actes notariés avec la taxe qui peut leur être appliquée.

L'art. 174 du tarif de 1807 alloue pour les expéditions de tous les actes reçus par les notaires y compris celles des inventaires et de tous procès-verbaux, devant contenir 25 lignes à la page et 15 syllabes à la ligne, un émolument de 3 fr. à Paris, Lille, etc. — de 2 fr. 70 dans les villes où siège une Cour d'appel ou ayant une population excédant 30,000 âmes, — de 2 fr. dans les autres villes, — et de 1 fr. 50 c. dans les cantons ruraux.

Il est bien entendu que, pour le remboursement des droits d'enregistrement et de papier timbré, les notaires n'ont plus le droit de s'en faire délivrer exécutoire par le juge de paix conformément à l'art. 30 de la loi du 22 frimaire an VII. Avances ou honoraires, le tout doit être soumis au président du tribunal.

Enfin, d'après l'art. 175 du tarif de 1807, les notaires sont tenus de prendre à leur chambre de discipline et de faire afficher dans leurs études, l'extrait des jugements qui ont prononcé des interdictions contre des particuliers ou qui leur ont nommé des conseils judiciaires, sans qu'il soit besoin de leur signifier ces jugements.

DÉCRET DU 18 JUIN 1811.

12. — Lorsqu'un notaire se transporte au greffe ou devant le juge d'instruction pour remettre des pièces arguées de faux ou des pièces de comparaison, il lui est alloué par chaque vacation de trois heures, aux notaires de Paris 9 francs, à ceux des départements 6 fr. 75 c. — Les frais de séjour et de voyage sont réglés pour les articles 90 et 91 du décret du 18 juin 1811. — Cette indemnité est fixée pour chaque myriamètre, en allant et en revenaut, à raison de 2 fr. 50 c. Elle est due lorsque le notaire est obligé de se transporter à plus de 2 kilomètres de sa résidence, soit dans le canton, soit au-delà.

Comme nous l'avons vu plus haut au n° 7, les frais, en matière criminelle sont moins élevés, pour les mêmes actes, qu'en matière civile.

CONTRAT D'APPRENTISSAGE.

13. — La loi du 4 mars 1851 fixe les honoraires du notaire qui rédige un contrat d'apprentissage. Cet acte est soumis, pour l'enregistrement au droit fixe de 1 fr. Les honoraires du notaire sont de 2 fr.

VENTE PUBLIQUE DE MEUBLES.

14. — Les honoraires des notaires sont aussi fixés pour les ventes qu'ils font de meubles ou d'effets mobiliers. Ces ventes sont classées en plusieurs catégories : ventes forcées sur saisie exécution ou après décès ; — ventes volontaires, lorsque toutes les parties sont maîtresses de leurs droits ; — ventes après faillite ; — ventes publiques de fruits et récoltes pendants par racines et de coupes de bois taillis.

Lorsque la vente mobilière a lieu après saisie exécution ou après décès (art. 826 et 945 proc.), le notaire a droit de réclamer, outre ses débours, les émoluments suivants :

Pour l'original du placard qui doit être affiché . .	1 fr.
Pour chacun des placards manuscrits	50 c.

Si ces placards sont imprimés, le notaire en sera remboursé sur les quittances de l'imprimeur et de l'afficheur. Dans les déboursés sera compris le coût de l'exploit constatant l'apposition des placards, ainsi que la somme payée pour l'insertion de l'annonce de la vente, dans les journaux.

Il sera payé pour chaque vacation de 3 heures à la vente, le procès-verbal compris, dans les villes où il y a un tribunal de 1re instance . . . . 5 fr.

Dans les autres villes et cantons ruraux 4

Pour transporter ou disposer les meubles mis en vente, le notaire sera remboursé de ses frais sur la quittance qu'il en représentera, ou sur sa simple déclaration, si les voituriers ou les gens de peine ne savent écrire, ce qu'il constatera par son procès-verbal de vente.

Dans le cas de publications sur les lieux où se trouvent les barques, chaloupes et autres bâtiments, prescrites par l'art. 620 proc., et dans le cas de l'exposition de la vaisselle d'argent, bagues, joyaux, ordonnée par l'art. 621, il sera alloué pour chacune des deux premières publications ou expositions :

Dans les villes où il y a un tribunal de 1re instance. . 1 fr.

Dans les autres villes et cantons ruraux. . . . . 3.

La troisième publication ou exposition est comprise dans la vacation de vente.

Les frais extraordinaires d'affiches et d'annonces sont autorisés par le président du tribunal.

Si l'expédition du procès-verbal de vente est requise par l'une des parties, il est alloué au notaire qui aura procédé à la vente, par chaque rôle d'expédition, contenant 25 lignes à la page, et 10 à 12 syllabes à la ligne.

Dans les villes où il y a une tribunal de 1re instance. 50 c.

Dans les autres villes et cantons ruraux . . . . 40 c.

Il est alloué au notaire une vacation pour faire taxer ses frais par le juge sur la minute de son procès-verbal, à Paris et dans les villes où il y aura un tribunal de première instance . . . . 2 fr.

Dans les autres villes et cantons ruraux . . . . 1 fr. 50 c.

Et pour consigner les deniers de la vente, une vacation lui est due et est fixée au même taux, de 2 fr. ou de 1 fr. 50.

Il n'est pas dû au notaire d'émolument pour faire la déclaration préalable au bureau d'enregistrement, en vertu de l'art. 2 de la loi du 22 pluviose an VII. Ce déplacement, qui est quelquefois très éloigné, n'est rémunéré par aucune loi, et il est assimilé à la formalité de l'enregistrement des actes pour lesquels les notaires ne reçoivent aucun émolument.

Le notaire, qui a procédé à la vente, est tenu de verser dans les mains du percepteur les impositions qui restent dues par le propriétaire des meubles vendus, et ce, en vertu des lois du 5-18 août 1791, et 12 novembre 1808. Il lui est alloué une vacation de 4 francs à Paris, et de 3 francs partout ailleurs, comme pour les commissaires-priseurs, d'après le décret du 5-8 novembre 1851.

15. — En vertu de la loi des 20 mars, 2 avril et 5 juin 1851, les notaires peuvent procéder aux ventes publiques volontaires, soit à terme, soit au comptant, de fruits et de récoltes pendants par racines et des coupes de bois taillis. Leurs honoraires sont déterminés par le décret du 5-8 novembre 1851. Il leur est alloué, non compris les déboursés, une remise sur le produit de la vente, qui est fixé à 2 pour cent jusqu'à 10,000 fr., et 1/4 p. 0/0 sur l'excédant, sans distinction des ventes faites au comptant ou à terme. — En cas d'adjudication par lots consentie au nom du même vendeur, la remise proportionnelle établie au présent article est calculée sur le prix total des lots réunis. — La remise ne peut, en aucun cas, être inférieure à 6 francs.

Si le notaire est chargé du recouvrement des prix, il a droit en outre à une remise de 1 pour cent.

S'il est requis un extrait du procès-verbal de vente, il est dû 1 franc par chaque rôle de 25 lignes à la page et de 15 syllabes à la ligne.

Pour versement à la caisse des consignations, paiement des contributions, ou assistance aux référés, s'il y a lieu, il est alloué :

A Paris, Lyon, Lille, etc, 4 fr.
Partout ailleurs, 3 fr.

Il est expressément interdit aux notaires d'exiger toutes autres perceptions, sous peine de poursuites disciplinaires et même de concussion.

Ce décret du 8 novembre 1851 a fixé les remises proportionnelles à un taux peu élevé, en raison de l'importance ordinaire des ventes de récoltes pendantes par racines et du peu de temps qu'elles réclamaient. Cette fixation ne tend pas à s'appliquer à des ventes de meubles et d'effets, presque toujours moins importantes et qui exigent des détails et des soins beaucoup plus minutieux. Il est donc naturel de recourir à la loi du 18-20 juin 1843 qui tarifie les droits des commissaires-priseurs, tant pour lès prisées de meubles que pour les ventes mobilières. La position des notaires est la même, et il n'y a aucun motif plausible de ne pas les taxer de la même manière et au même taux.

Il faudrait donc leur allouer pour droit de prisée, par chaque vacation de 3 heures, partout ailleurs qu'à Paris, Lille, etc., la somme de 5 francs, — et pour assistance aux référés et par chaque vacation, partout ailleurs qu'à Paris, Lille, etc., la sommme de 4 francs.

Quant à tous les droits de vente, non compris les déboursés pour y parvenir et en acquitter les droits, non plus que la rédaction des placards, ils sont de 6 pour cent sur le produit des ventes, sans distinction de résidence.

Il pourra en outre être alloué une ou plusieurs vacations, sur la réquisition des parties, constatée par procès-verbal du notaire, à l'effet de préparer les objets mis en vente. Ces vacations extraordinaires ne seront passées en taxe qu'autant que le produit de la vente s'élèvera à 3,000 fr. Chacune des vacations de 3 heures donnera lieu à un émolument de 5 fr.

Il leur est alloué pour extrait des procès-verbaux de vente, outre le timbre, pour chaque rôle de 25 lignes à la page et de 15 syllabes à la ligne, 1 fr. 50.

Il leur est en outre alloué pour consignation à la caisse, s'il y a lieu, 5 fr. ; pour assistance à l'essai et au poinçonnage des matières d'or et d'argent, 5 fr. ; pour paiement des contributions, conformément aux dispositions des lois, 5 fr.

L'état des vacations, droits et remises alloués aux notaires doit être délivré sans frais aux parties. Donc il n'y a pas de vacations pour requérir cette taxe.

Si la vente est à terme et que le notaire est chargé du recouvrement, il lui est dû, en outre, 1 pour 100, de même qu'en matière de vente publique volontaire de fruits et récoltes pendants par racines. Cette indemnité n'est pas trop considérable, en raison de la responsabilité qui incombe aux officiers ministériels, en vertu de l'art. 625 proc., en cas de ventes forcées.

16. — Les certificats de vie que tous les notaires peuvent délivrer, sont aussi tarifés. Il est indispensable de consulter à cet égard l'instruction ministérielle du 27 juin 1839, concertée entre le Garde des Sceaux et le Ministre des Finances, ainsi que le décret du 9-14 novembre 1853.

Il revient au notaire qui dresse un certificat de vie de 600 fr.

à percevoir et au-dessus	0 fr. 50 c.
de 600 fr. à 301 fr.	» 35
de 300 fr. à 101 fr.	» 25
de 100 fr. à 50 fr.	» 20
au-dessous de 50 fr.	néant.

Les droits des notaires se calculent non d'après les sommes que les titulaires reçoivent annuellement, mais uniquement sur celles qui leur reviennent par semestre ou par trimestre.

Nous n'irons pas plus loin sur ce sujet, car nous connaissons la générosité de la plupart des notaires, qui ne prennent pas d'honoraires pour les certificats de vie, quand les sommes à toucher sont au-dessous de 300 fr.

Enfin l'art. 173 du code de commerce dit que les protêts seront faits par deux notaires, ou par un notaire et deux témoins, ou un huissier et deux témoins. Quoique, dans la pratique, les protêts soient faits généralement par les huissiers, il est cependant utile de connaître l'émolument revenant au notaire qui en dresserait. Son honoraire est fixé par les §§ 3 et 4 de l'art. 65 du décret du 16 février 1807, modifié par le décret du gouvernement provisoire du 23 mars 1848. — Ce dernier décret, qui continue à être en vigueur, contient un tableau très détaillé sur le coût des protêts. Depuis lors, les notaires, comme les huissiers sont dispensés d'employer les témoins dans les protêts qu'ils font.

CHAPITRE IV

HONORAIRES POUR LES ACTES NON TARIFÉS.

17. — Les actes notariés non tarifés sont beaucoup plus nombreux que ceux qui le sont ; c'est à eux que s'applique plus spécialement l'art. 173 du décret de 1807. D'après ce texte, que nous avons déjà reproduit, les présidents des tribunaux de première instance sont investis de pouvoirs discrétionnaires pour apprécier et fixer les honoraires des actes non tarifés, suivant leur nature et les difficultés que leur rédaction aura présentées.

La possibilité et la nécessité de l'établissement d'un tarif pour le règlement des honoraires des actes notariés ont donné lieu à bien des écrits et des projets. Les uns voulaient un tarif général pour toute la France ; d'autres le voulaient pour chaque ressort de cour d'appel ; d'autres enfin pour chaque ressort de tribunal civil. Tous ces projets disparaissent pour longtemps, en présence de la nouvelle loi du 5 août 1881. En attendant, les affaires marchent; aussi il nous paraît utile de soumettre un tableau qui pourra fournir d'utiles renseignements. A la vérité il n'aura aucune autorité législative, ni jurisprudentielle; mais il pourra avoir une certaine autorité morale et de raison, qui ne sera peut être pas à dédaigner par les intéressés et surtout par les taxateurs. Puissent ceux-ci y trouver quelque facilité pour accomplir leur tâche si laborieuse !

SECTION Ire

DROITS ET HONORAIRES FIXES

§ 1er HONORAIRES FIXES ALLANT DE 1 A 8 FR.

Droit fixe de 1 fr.

Recherche d'un acte pour l'année courante, et 50 centimes pour les autres années.

Affiches; pas d'honoraires pour les affiches faites à l'occasion des ventes volontaires; s'il s'agit d'affiches manuscrites, par affiche, 25 cent. plus le timbre.

Droit fixe de 2 fr.

Apprentissage (contrat d' et congé d'), quelquefois 4 fr.

Droit fixe de 3 fr.

Bordereau d'inscription hypothécaire, de renouvellement,

d'émargement, de subrogation (quelquefois l'honoraire est proportionnel et de 1 fr. par 1,000 fr.), au minimum 3 fr.

Certificat de vie pour rentes sur les particuliers, de résidence, de vie pour rentes et pensions sur l'Etat et de la Légion d'honneur (décret du 2 août 1860), quelquefois 4 fr.

Résiliation d'actes dans les 24 heures.

Droit fixe de 4 fr.

Protêts. Décret du 26 mars 1848. Non compris l'indemnité de voyage.

Transcription d'un contrat, frais de dépôt et correspondance pcomris.

Droit fixe de 5 fr.

Acte de notoriété (en minute et en brevet), d'individualité, et 10 fr. pour plusieurs personnes.

Acquiescement à jugement, à sentence, à demande et à tous autres actes.

Adhésion à un contrat de société, d'atermoiement, d'union, concordat, ordre, et à tous autres contrats; 2 francs par personne en plus.

Congés de toute nature, d'acquit, de bail ; quelquefois 4 fr.

Consignation de sommes sur offres refusées, sur ventes de meubles.

Main levée totale ou partielle, de privilège, de saisie, d'opposition, d'écrou ; la main levée partielle sera augmentée de 1 fr. par chaque inscription rayée, après la première. Si la main levée emporte réduction de sommes, le droit sera jusqu'à 20,000 fr. de 1 p. 0[0; de 20,000 fr. à 50,000 fr., 50 c. p. 0[0; et au-delà, 25 c. p. 0|0.

Nomination d'arbitres, d'experts, de gardiens, de dépositaires, etc.

Offres refusées, procès-verbal, offres acceptées, droit proportionnel 50 c. p. 0[0,

Droit fixe de 6 francs.

Actes refaits pour nullité.

Actes confirmatifs, complémentaires et supplémentaires, n'entraînant aucune obligation nouvelle.

Acceptation de transport, de délégation, de remploi, de communauté, de succession, de legs, etc., si le notaire a reçu l'acte primitif. Dans le cas contraire, jusqu'à 2,000 fr. 1 fr.; de 2,000 fr. à 10,000 fr., 50 c.; au-dessus 25 c. p. 0/0.

Atermoiement; prorogations sans prix.

Attestations. — Déclarations.

Consentement à mariage, à adoption, à tutelle officieuse, à exécutions testamentaires et autres.

Déclaration de command dans le délai de la loi. Souvent le notaire ne demande pas d'honoraires si la déclaration est dans l'acte de vente ou le procès-verbal d'adjudication. Par acte séparé, chez le même notaire 50 c. p. 0[0; chez un autre notaire, 75 c. p. 0[0.

Délégation par acte passé par le débiteur seul. Lorsqu'elle est acceptée par le créancier, droit proportionnel; 75 c. p. 0[0 ; dans un acte séparé, 1 fr. 25 p. 0[0.

Dépôt de pièces, de sommes, de valeurs mobilières, etc.

Désistement de toute nature, pur et simple.

Mandat ou procuration (en brevet ou en minute), substitution, révocation de mandat, décharge de mandat pure et simple; 1 fr. en plus pour chaque comparant.

Prêt à usage.

Prorogation de société, de délai, de bail et autres. Souvent l'honoraire est proportionnel jusqu'à 20,000 fr., 50 c. p. 0[0; au-delà, 25 c. p. 0[0.

Rapport pour minute, ou bien 4 francs.

Rectification pure et simple.

Récépissé de pièces, sans inventaire, de compte de tutelle.

Rectifications d'actes antérieurs, sans changement d'obligations.

Reconnaissance ou déclaration de meubles.

Réparation d'injures, sans dommages-intérêts.

Résiliation de bail, sans prix, de contrat de mariage; quelquefois honoraires des baux.

Rétrocession pure et simple. Souvent on réclame les honoraires proportionnels des ventes.

Renonciation sans prix.

Sequestre conventionnel de meubles 4 francs ; d'immeubles 6 francs.

Droit fixe de 7 fr.

Rédaction d'actes restés imparfaits pour défaut de signature; sans que ce droit puisse dépasser la moitié de celui de l'acte, s'il eut été parfait.

Référé devant le président du tribunal pour présentation et retrait de testament olographe, pour prestation de serment ou pour toute autre opération.

Droit fixe de 8 fr.

Autorisation pour faire le commerce, maritale.

Dépôt au greffe du procès-verbal des difficultés sur liquidation, partage, etc., de pièces arguées de faux; en sus, les frais de voyage.

Emancipation de mineurs. Quelquefois 6 fr.

Procès-verbaux de comparution, de défaut, d'ampliation, ou 6 francs.

§ 2. HONORAIRES FIXES ALLANT D'UN MINIMUM A UN MAXIMUM.

Droits fixes de 6 à 12 fr.

Arrêté de compte, sans reliquat. Le compte donne lieu à un honoraire proportionnel de 50 c. p. 0[0 sur la masse totale des recettes et des dépenses réunies. S'il est précédé d'une liquidation, honoraires 1 fr. p. 0[0; sans liquidation 50 c. p. 0[0.

Bail à cheptel, à colonage, à part de fruits, d'industrie, ou bien 20 c. p. 0[0 jusqu'à 1,000 fr.; 15 c. id., au-delà.

Changement à contrat de mariage, sans augmentation d'apport.

Constitution de société par contrat de mariage.

Contre-lettre pure et simple.

Copie figurée.

Décharge de prix de vente, d'exécution testamentaire, de pièces, de valeurs mobilières, de caution, etc.

Déclaration de succession, de privilèges de second ordre, par acte séparé; sauf les droits proportionnels pour la déclaration au fisc.

Délivrance de legs, sans libération ; mais avec libération, honoraires des quittances.

Dissolution de société civile ou de commerce, pure et simple, sans liquidation.

Etat d'effets mobiliers à défaut d'inventaire, pour déclaration de succession à l'enregistrement, de dettes ou d'effets mobiliers annexés à une donation (quelquefois il y a lieu à honoraire proportionnel).

Gage et *nantissement* par acte séparé, sauf le droit proportionnel de 1 fr. 50 p. 0[0.

Hypothèque, affectation par le débiteur, par acte séparé ; déclaration, main levée, cession d'antériorité, réduction, translation.

Nomination de tuteur, de conseil à la mère.

Promesse d'indemnité.

Reconnaissance d'écriture.

Solidarité (déclaration de), par acte séparé.

Suscription de testament mystique ; on a alloué jusqu'à 25 francs.

Droits fixes de 6 à 25 fr.

Adoption testamentaire.

Acceptation de donation ; si elle a lieu pour un autre notaire l'honoraire est plus élevé.

Assurances maritimes, terrestres et autres. Souvent l'honoraire est proportionnel et varie de 1 p. 0[0 à 25 c. p. 0[0.

Compromis. Il peut y avoir lieu à frais de voyage.

Compulsoire.

Constitution de société civile ou commerciale, sans mise de fonds.

Dépôt d'extrait de contrat de mariage de commerçants (art. 67, code de commerce).

Donation entre époux, sauf le droit proportionnel lorsqu'elle n'est pas éventuelle.

Option (déclaration d').

Prise de possession.

Promesse de mariage, de vente mais ne constituant pas de vente, — de bail, — de toute obligation de faire ou de ne pas faire.

Procès-verbal de carence, — de difficultés sur liquidation, sur partages.

Révocation de donation.

Union (contrat d') ne contenant ni abandon, ni délaissement de biens.

DROITS FIXES DE 6 A 50 FRANCS.

Contrat de mariage ne contenant ni donation, ni constitution.

Testament (rédaction de), authentique ou mystique ; même jusqu'à 150 fr.

DROITS DE 10 A 30 FRANCS.

Cahier des charges pour ventes, — bail et entreprise volontaire, — vente judiciaire (ordonnance dn 10 octobre 1841).

Opposition à mariage.

Rétablissement de communauté.

Reconnaissance d'enfant naturel.

Tirage au sort de lots de partage.

DROITS FIXES DE 10 A 60 FRANCS.

Actes respectueux.

Désaveu de paternité.

Transaction pure et simple; — sauf le droit de vente, — d'obligation, — de quittance, ou tous autres auxquels peuvent donner lieu les clauses qu'elle renferme.

SECTION IIe.

DROITS PROPORTIONNELS.

§ 1er.

1 fr. pour 100 jusqu'à 10,000 fr.

50 cent. pour 100 de 10,001 à 50,000 fr.

25 cent. pour 100 de 50,001 à 100,000 fr.

12 cent. 1/2 pour 100 au-dessus de 100,000 fr.

Abandon de biens par un débiteur à ses créanciers, — par un héritier bénéficiaire, — d'un usufruit, — de servitudes de toute nature; minimum 6 francs.

Adjudication ou vente judiciaire.

Arrentement d'immeubles.

Bail emphythéotique sur le capital formé de 20 fois le revenu annuel.

Constitution de rentes perpétuelle, — viagère, — de pension alimentaire, sur le prix, ou à défaut sur 20 fois la rente perpétuelle et sur 10 fois les autres.

Dation en paiement

Délaissement par hypothèque,

Déclaration de command après les délais de la loi.

Donation entre vifs. — Entre étrangers et en ligne collatérale, le droit est plus élevé.

Echange sur la valeur de l'objet le plus considérable.

Licitation judiciaire; — sur les masses actives, sur le montant ou l'évaluation du fonds social.

Obligations ou prêts à intérêt. Si elles ont eu lieu par l'entremise du notaire 1 fr. 25 c. p. 100.

Partage d'ascendants, judiciaire, — partage amiable.

Remploi.

Testament authentique après ouverture et acceptation (sauf appréciation du taxateur).

Transport, — cession de droits successifs ou litigieux, — d'actions ou de créances.

Servitudes (concession ou rachat de).

Ventes volontaires d'immeubles, — de meubles, de fonds de commerce.

Ventes judiciaires d'immeubles (ordonnance du 10 octobre 1841.)

Ventes publiques d'objets mobiliers (loi du 18 juin 1843).

Ventes de fruits et récoltes pendants par racines (décret du 8 novembre 1851).

Nota. — Les actes compris sous ce paragraphe donneront lieu à un minimum de 3 fr. lorsque la valeur sera au-dessous de 200 francs, et de 5 fr., de 201 à 500 fr.

§ 2.

0 fr. 50 c. p. 100 jusqu'à 10,000 fr.
0 fr. 30 c. p. 100 de 10,001 à 50,000 fr.
0 fr. 20 c. p. 100 de 50,001 à 100,000 fr.
0 fr. 10 c. p. 100 au-dessus de 100,000 fr.

Abandon de biens à titre de partage.

Amortissement de rentes perpétuelles, — viagères, — de pensions alimentaires.

Antichrèse, par acte séparé et s'il y a déjà titre authentique.

Bail, — sous-bail, — cession de bail, sur le prix cumulé de la durée,— à vie, sur dix ans du prix.

Cautionnement sur les sommes cautionnées; avec l'engagement principal 0 fr. 50 c.

Comptes (toute sorte de), sur le chapitre le plus élevé, sans préjudice des honoraires auxquels les dispositions de l'acte peuvent donner lieu.

Concordat, sur les valeurs promises.

Contribution de deniers, — collocation; répartition.

Crédit (ouverture de) avec ou sans hypothèque.

Déguerpissement de biens arrentés.

Délégation à un créancier acceptant; acceptation de délégation faite antérieurement par le débiteur seul.

Délivrance de legs portant libération.

Devis et marchés.

Donation par contrat de mariage.

Habitation (concession ou cession de droits d').

Indemnité (règlement d').

Offres acceptées.

Ordres.

Partage amiable.

Pension alimentaire due en vertu de la loi (constitution de).

Prêt sur dépôt; — à la grosse.

Quittance.

Rachat (exercice de la faculté de).

Reconnaissance de dot.

Remboursement de rentes.

Remplacement militaire.

Retrait de droits successifs ou litigieux.

Testament olographe, mystique (sauf appréciation par le taxateur).

Vente d'office; de charge; — de brevet; — de navire.

Ventes (contrats divers de), sur les valeurs qui en font l'objet.

Nota. — Les actes compris dans ce paragraphe seront soumis à un minimum de 3 fr. lorsque la valeur sera au-dessous de 400 fr., et de 5 fr. de 401 à 1,000 fr.

§ 3.

0 fr. 25 c. p. 100 jusqu'à 10,000 fr.
0 fr. 15 c. p. 100 de 10,001 à 50,000 fr.
0 fr. 10 c. p. 100 de 50,001 à 100,000 fr.
0 fr. 05 c. p. 100 au-delà de 100,000 fr.

Charte partie, — affrétements.

Constitution de société civile ou commerciale.

Certificat de propriété.

Délaissement sur assurance.

Désistement moyennant un prix; sur le prix indépendamment du droit fixe.

Mariage, apports des époux constatés par l'acte.

Prorogation moyennant un prix, sur le prix indépendamment du droit fixe.

Renonciation, de même.

Rétrocession, de même.

Résiliation, de même.

Nota. — Les actes compris dans ce paragraphe sont soumis à un minimum de 3 fr., lorsque la valeur sera au-dessous de 400 francs, et de 5 fr. de 401 à 2,000 fr.

§ 4.

1 fr. pour 100 jusqu'à 500 fr.
50 c. p. 100 de 501 à 1,000 fr.
25 c. p. 100 au-dessus de 1,000 fr.

Billets simples ou à ordre, — lettres de change, — acceptations. — aval, — endossements.

§ 5.

ACTES TARIFÉS PAR CERTAINES CHAMBRES DE NOTAIRES.

Adjudication, jusqu'à 3,000 fr., 13 fr. 85 c. pour 100.

Sur la somme excédant 3,000 fr. jusqu'à 10,000, 12 fr. 85 c. pour 100.

Sur l'excédant de 10,000 fr. jusqu'à 20,000, 11 fr. 85 c. p. 100.

Au-dessus indéfiniment, 10 fr. 85 c. p. 100.

Pour tous frais honoraires et déboursés, compris ceux de quittance et d'expédition, lorsque le prix est payé comptant.

Les frais des formalités hypothécaires seront cependant payés en sus.

Le tout sans préjudice à toutes augmentations ou diminutions sur les droits de timbre et d'enregistrement et de celles ultérieures, lesquelles seront naturellement à porter en sus des sommes ci-dessus indiquées.

La fixation s'appliquera séparément pour chaque partie vendue dans la même adjudication, néanmoins les différents articles adjugés à la même personne devront être réunis pour en opérer le calcul.

Dans le cas de licitation, la remise proportionnelle est due sur la totalité de prix, quand même un co-propriétaire se rendrait acquéreur, en déduisant toutefois, les droits d'enregistrement non payés.

Tant qu'une adjudication n'aura pas été réalisée le jour de la vente, le notaire aura le droit, si l'affaire se termine dans les 6 mois de cette date, de demander les honoraires fixés pour les adjudications.

Bail de gré à gré : 3 fr. du mille sur les années cumulées, en y comprenant le pot de vin et les charges.

1/2 en sus, par entremise.

Bail de chasse ou de pêche — 1 pour 100 sur les années cumulées.

Bail par adjudication — le double des honoraires des baux simples.

Contrat de mariage; sur apports et constitution de dot :

Jusqu'à 10,000 fr., 1 fr. pour 100.

De 10,000 fr. à 50,000 fr., 50 c. p. 100.

De 50,000 fr. à 100,000 fr., 25 c. p. 100.

Au-delà indéfiniment, 12 c. 1/2 p. 100.

Pour ceux sans constitution, ni apports : honoraires gradués selon le travail et la position de fortune des contractants; minimum 5 fr.

Crédit (ouverture de) jusqu'à 50,000 fr., 75 c. p. 100.

Au-delà indéfiniment, 50 c. p. 100.

Déclaration de succession : après liquidation, 75 c. pour 100.

Sans liquidation, jusqu'à 100,000 fr., 1 fr. 50 c. p. 100.

Au-delà indéfiniment, 75 c. p. 100.

Il y a des localités ou l'honoraire est de 2 fr. 50 c. pour la première centaine de francs payés au fisc, et de 1 fr. 25 c. pour les autres cents francs.

Dépôt d'actes sous-seing privé, autres que les testaments : moitié des droits proportionnels fixés par les actes de même nature.

Donations entre vifs, mobilières et immobilières :

En ligne directe et entre époux, jusqu'à 20,000 fr., 1 fr. pour 100.

De 20,000 à 100,000 fr., 50 c. p. 100.

Au-delà indéfiniment, 25 c. p. 100.

En ligne collatérale et entre étrangers, jusqu'à 50,000 fr., 1 fr. p. 100.

De 50,000 à 100,000 fr., 75 c. p. 100.

Au-delà idéfiniment, 50 c. p. 100.

Honoraires exceptionnels. A raison de l'importance de l'affaire, du travail du notaire et de sa responsabilité, il peut être alloué des honoraires extraordinaires, sur les renseignements fournis par le notaire et les parties.

Liquidation volontaire, avec ou sans partage de communauté, liquidation de reprises.

Sur les valeurs réelles, jusqu'à 50,000 fr., 1 fr. pour 100.

De 50,000 à 100,000 fr., 75 c. p. 100.

De 100,000 à 200,000 fr., 50 c. p. 100.

Au-delà indéfiniment, 25 c. p. 100.

Et pour les valeurs fictives ; 1/2 seulement de ces droits.

Obligation. Pour celles faites par l'entremise du notaire 1 fr. 25 c., et sans entremise 1 fr.

En sus, les honoraires des bordereaux des inscriptions hypothécaires seront de 1 fr. par 1,000 fr.

Partage amiable,— anticipé,— pur et simple jusqu'à 2,000 fr., 1 fr. p. 100.

De 2,000 à 30,000 fr., 50 c. p. 100.

Au-delà indéfiniment, 25 c. p. 100.

Partage d'ascendants, jusqu'à 20,000 fr., 1 fr. p. 100.

De 20,000 à 50,000 fr., 75 c. p. 100.

Au-dessus indéfiniment, 50 c. p. 100.

Partage des honoraires. Quand un second notaire est appelé par une partie pour concourir à la rédaction d'un acte dont il ne doit pas garder minute, il aura droit à la moitié des honoraires qui seront perçus par le notaire rédacteur de l'acte.

Procurations : honoraire variant de 6 à 25 fr. suivant complications.

Résiliation de baux; mêmes honoraires que pour les baux — id. pour les sous-baux.

Société (acte de), jusqu'à 20,000 fr., 50 c. p. 100.

De 20,000 à 100,000 fr., 25 c. p. 100.

Au-delà indéfiniment, 12 c. 1/2 p. 100.

Testament authentique. — Droit de rédaction pouvant varier de 6 à 150 fr.

Lors du décès, droit proportionnel, en ligne directe et entre époux, jusqu'à 10,000 fr., 1 fr. p. 100.

De 10,000 à 50,000 fr., 50 c. p. 100.

Au-delà indéfiniment, 25 c. p. 100

En ligne collatérale jusqu'au 3e degré, pour 20,000 fr., 1 fr. p. 100.

De 20.000 à 100,000 fr., 50 c. p. 100.

En ligne collatérale entre cousins et étrangers, jusqu'à 50,000 f., 1 fr. p. 100.

De 50,000 à 100,000 fr., 75 c. p. 100.

Au-dessus indéfiniment, 25 c. p. 100.

Testament olographe ou mystique, jusqu'à 10,000 fr., 1 fr. p. 100.

De 10,000 à 50,000 fr., 50 c. p. 100.

De 50,000 à 100,000 fr., 75 c. pour cent.

Au-dessus indéfiniment, 12 c. 1/2.

Ces honoraires sont prélevés sur l'actif brut de la succession repris en l'inventaire; lorsqu'il n'y a pas eu d'inventaire, sur la déclaration de succession.

Le magistrat taxateur n'est nullement tenu d'accorder ces honoraires proportionnels. Il a un pouvoir discrétionnaire comme pour tous les autres actes non légalement tarifés (cassation, 22 août 1854). Cependant il peut prendre en considération l'importance des valeurs comprises dans les dispositions. (Tribunal d'Epernay, 2 juin 1870. — S, 70, 2, 223.).

Transport de créances : mêmes honoraires que pour les obligations.

Vente de gré à gré de meubles et immeubles. — Si l'affaire est conclue par les soins et l'entremise du notaire, il sera dû pour honoraires, jusqu'à concurrence de 20,000 fr., 2 fr. 50 c. pour 100.

De 20,000 à 50,000, 2 fr. p. 100.

Au-delà indéfiniment, 1 fr. p. 100.

Et sans l'entremise du notaire, jusqu'à 2,000 fr., 1 fr. 50 c. pour 100.

Au-delà indéfiniment, 4 fr. p. 100.

Pour les ventes judiciaires, voir l'ordonnance du 10 octobre 1841.

Pour les ventes volontaires par adjudication (voir : adjudications).

SECTION IIIe.

§ 1er. — Vacations.

Bilan. — *Inventaires.* — *Procès-verbaux* d'état de lieux et de bornage, etc. Le prix de la vacation varie de 5 à 9 fr.; à Arras il est fixé à 6 fr.

Dans les inventaires, on compte non-seulement le temps employé à la confection de l'acte, mais encore celui employé aux travaux préparatoires, au dépouillement des pièces, et aussi le temps employé au transport ; plus les frais de voyage s'il y a lieu.

Si l'opération dure moins de 3 heures, il sera dû toujours une vacation entière (nos 7 et 8 ci-dessus).

§ 2. — Expéditions.

A Paris, Lille, Bordeaux, Lyon, Marseille, Nantes, par rôle, 3 fr.

Dans les villes où il y a Cour d'appel et où la population excède 30,000 âmes, 2 fr. 70.

Dans les villes où il y a un tribunal de première instance, 2 fr.

Ailleurs, 1 fr. 50 c.

Chaque rôle doit contenir 25 lignes à la page et 15 syllabes à la ligne. Les rôles ne sont dûs que pour la partie écrite ; mais le premier sera acquis en entier quoique non complet. — Tout demi-rôle commencé doit être payé comme la moitié d'un rôle.

§ 3. — Voyages. — Déplacement.

Le déplacement pour voyage comporte des honoraires fixés par la loi (no 9). Il y a des localités où l'on demande des frais de voyage, aller et retour, tous frais de nourriture et de transport compris,—1 fr. par kilomètre,—à partir du deuxième kilomètre de la résidence.

Il n'est dû aucun honoraire pour porter les actes à l'enregistrement. Il n'est fait à cette règle qu'une seule exception, lorsqu'il y a lieu de faire enregistrer dans les 24 heures une déclaration de command, et que le bureau d'enregistrement ne se trouve pas dans le lieu de résidence du notaire, — par vacation, 4 francs.

SECTION IVe

ACTES SOUMIS A LA MOITIÉ DES HONORAIRES FIXES OU PROPORTIONNELS

Dépôts d'actes sous signature privée.

Titre nouvel.

Ainsi quand on dépose chez un notaire un acte de partage ou de société sous seing privé, celui-ci a l'habitude de réclamer la moitié des honoraires qu'il aurait perçus, s'il avait lui-même rédigé l'acte. Le juge taxateur peut repousser cette prétention et n'allouer au notaire que le droit fixe pour l'acte de dépôt. Ce magistrat a ici, comme dans un infinité d'autres cas, un pouvoir discrétionnaire.

SECTION Ve.

OBSERVATIONS DIVERSES.

18. — Lorsque le capital ne sera pas exprimé dans un contrat donnant lieu à un honoraire proportionnel, ce capital sera formé de 20 fois le revenu, s'il s'agit de la pleine propriété, et de 10 fois seulement s'il ne s'agit que de la nu-propriété ou d'un usufruit. Le capital des rentes ou pensions évaluées en argent sera formé de dix fois l'obligation annuelle.

Quant aux fermages et aux prestations en nature, leur évaluation sera faite d'après les mercuriales (art. 75 de la loi du 15 mai 1818).

Lorsqu'un acte contient plusieurs dispositions distinctes et indépendantes l'une de l'autre, les droits proportionnels ou fixes sont dûs pour chacune d'elles et suivant les bases adoptées pour les droits d'enregistrement. Cependant la cour d'Amiens a jugé, le 21 novembre 1823, qu'un notaire ne peut exiger, pour un acte portant quittance et main levée, un droit de quittance et un droit de main levée, c'est à dire deux droits et honoraires pour le même acte.

Les actes non prévus sont taxés comme ceux avec lesquels ils présentent une plus grande analog e.

Les actes dressés sur projet fourni par les parties sont passibles des mêmes droits que s'ils avaient été rédigés par les notaires.

La Cour d'Aix a jugé, le 7 avril 1832, qu'un notaire, qui a fait projeter et conclure une vente, ne peut rien demander pour droit de courtage ou de commission, si plus tard les parties sont convenues de ne pas réaliser cette vente. Cependant si elle a lieu par cte sous seing privé, ou par acte devant un autre notaire, le premier pourra, outre ses déboursés, réclamer des honoraires proportionnels pour ses soins et démarches. Tout dépend des circonstances. La cour d'appel de Douai a décidé, par arrêt du 21 novembre 1876, que c'est avec raison qu'un notaire actionne devant le tribunal civil, en vertu de l'art. 60, proc., un client qui lui a donné mandat de vendre des propriétés immobilières. Ce client a été condamné à payer 8,000 fr. pour frais que le notaire avait exposés, et pour soins qu'il avait apportés afin de parvenir à l'exécution de son mandat. — Le mandant avait trouvé un amateur, et avait réalisé la vente devant un autre notaire.

Lorsque le notaire annonce et insère dans le cahier des charges que les frais seront d'une somme déterminée, comme 14 pour cent, le vendeur et l'acquéreur peuvent requérir la taxe et profiter de la réduction. (Paris, 30 janvier 1860,— S. 2.97). La clause de forfait signée par le vendeur ne pourrait empêcher celui-ci de réclamer la taxe. L'ordre public met obstacle à ce qu'un fonctionnaire comme un notaire, fasse des stipulations sur ses honoraires. Il doit réclamer et obtenir ce qui lui est dû, et pas autre chose. (Cass. 2? août 1882.)

Le droit de demander la taxe des honoraires réclamés par les notaires, étant d'ordre public, existe malgré toute stipulation contraire ; en conséquence, ne fait pas obstacle à ce droit la clause d'un cahier des charges portant que les honoraires seront payés par l'adjudicataire, conformément au tarif adopté par les notaires de l'arrondissement. Les tribunaux n'ont d'autre règle à suivre, pour la fixation des honoraires des notaires, que celle établie par l'art. 173 du tarif de 1807. (Douai 2 mars 1875, R. 77.5 et cassation, 4 avril 1859. D. 59.1.161.)

I. Décompte d'une vente immobilière de gré à gré, s'élevant à 20,000 fr. Le notaire a déboursé pour droit d'enregistrement 1,375 fr. à raison de 5 fr. 50 p. 0[0, et en outre des deux dixièmes et demi. Il lui revient pour honoraires 2 fr. 50 du 100 ou 500 fr. pour les 20,000 fr. au total 1875 fr.

Le notaire réclamera en outre le papier timbré pour la minute, l'expédition, les frais du rôle, etc. Au total 10 fr. pour cent au moins.

II. Décompte d'un acte de bail amiable. Le fermage annuel est de 600 fr.; pendant 9 ans, cela donne 5,400 fr.—1° droit d'enregistrement à 25 c. p. 0/0 ou 13 fr. 50, — 2° honoraires du notaire à 3 fr. du mille ou 16 fr.—20 c., 3° papier timbré de la minute, de la grosse et frais de rôle, ou 7 fr. 30 c. environ : au total 37 fr.

Beaucoup de notaires sont dans l'usage de recevoir de leurs clients des sommes en sus des honoraires taxables. C'est là une habitude fâcheuse. Aussi un arrêt de la Cour de Cassation du 18 mai 1858 (§ 59. 1.39) a jugé qu'un notaire n'a pas le droit de réclamer des honoraires, à titre d'exécution de mandat salarié, pour des actes judiciaires prévus par le code de procédure et portés au tarif.

Il y a des localités où les notaires ont l'habitude de réclamer des clients une gratification pour le clerc qui a donné ses soins à un acte. Rien de semblable ne peut être exigé par la voie judiciaire.

Il n'est dû aucun honoraire pour le sceau que les notaires impriment ordinairement sur les expéditions et les grosses qu'ils délivrent. Le sceau est une sorte de signe héraldique de leurs fonctions ; ils se font honneur en l'apposant sur leurs actes; c'est tout le bénéfice auquel ils ont droit.

Tous les notaires perçoivent des émoluments pour des causes autres que les actes de leur ministère; il n'y a là rien d'incompatible avec la nature et la dignité de leurs fonctions. Ces rétributions ne peuvent donner lieu à la taxe. Ainsi le client doit rémunérer le notaire qu'il a chargé de faire au fisc une déclaration de succession et de payer les droits de mutation après décès. Le règlement de cette rétribution a lieu entre le notaire et le client. — Une chambre de notaire a autorisé la perception de 2 fr. 50 pour le premier cent de francs payés au fisc, et 1 fr. 25 pour les autres cents de francs. — Les notaires ne pourraient pas obtenir la taxe pour une pareille rétribution ; mais ils agiront contre leurs clients récalcitrants, par action de mandat. Ils n'ont pas fait un acte de leur ministère, en établissant l'état des biens successoraux à déclarer au bureau d'enregistrement.

Les notaires sont les mandataires des parties contractantes pour la rédaction de leurs conventions, et l'art. 2002 civ. donne à tout mandataire l'action solidaire contre les mandants pour se faire payer, aux termes de l'art. 1999 civ. de ses avances et de ses honoraires, et ce, quelles que soient les stipulations de l'acte entre les parties (cass. 9 avril 1850.)

Lorsque deux ou plusieurs notaires concourent à la rédaction d'un acte, ils ont droit au partage des honoraires. Mais les honoraires des grosses, expéditions ou copies, appartiennent au notaire qui garde la minute.

Si l'un des notaires n'agit pas comme rédacteur de l'acte, mais qu'il assiste seulement une ou plusieurs parties, il n'a droit à aucun honoraire résultant de l'acte. Il aura l'action de mandat pour se faire payer par son client, une somme représentative des soins qu'il a pu donner à l'examen et à l'étude de l'affaire.

CHAPITRE V.

DÉBOURSÉS ET DROITS D'ENREGISTREMENT.

19. — Les déboursés consistent en papier timbré et en paiement des droits d'enregistrement. Ces déboursés doivent être réclamés simultanément et en même temps que les honoraires. Ils sont compris dans l'état de frais. Il suffit au taxateur de compter les feuilles de papier timbré et de les reporter à la mention de l'enregistremet pour totaliser les sommes déboursées.

Le notaire ne peut plus, depuis la loi de 1881, demander séparément ces déboursés, au moyen d'un exécutoire délivré par le juge de paix de son canton (art. 30 de la loi du 22 frimaire an VII). La loi nouvelle comprend *toutes* les *sommes* dues pour les actes du ministère des notaires.

Les droits d'enregistrement sont fixes, proportionnels, gradués. Le droit *fixe* s'applique aux actes civils, judiciaires, ou extra-judiciaires qui ne contiennent ni obligation, ni libération, ni transmission de propriété, d'usufruit ou de jouissance. — Le droit *proportionnel* est établi pour les obligations, libérations, condamnations, collocations ou liquidations de sommes et valeurs et pour toute transmission de propriété, d'usufruit ou de jouis sance de biens, meubles et immeubles, soit entre vifs, soit par décès. Il est assis sur les valeurs (art. 4 de la loi du 22 frimaire an VII). — Quant au droit *gradué*, il est établi sur certains actes dont les uns seraient sujets au droit fixe simple et les autres au droit proportionnel, d'après les distinctions ci-dessus. Sont assujettis à e droit gradué les actes énumérés dans l'art 1er de la loi du 28 février 1872, notamment les actes de sociétés, les partages, les contrats de mariage, les délivrances de legs, etc. La quotité du droit gradué est déterminé, d'après l'importance des sommes ou valeurs que les actes assujettis à ce droit, énoncent ou ont pour objet. Il est fixé à 5 fr. pour les sommes ou valeurs de 5,000 fr. et au-dessous et pour les actes ne contenant aucune énonciation de sommes ou valeurs ni disposition susceptible d'évaluation, — à 10 fr. pour les sommes ou valeurs supérieures à 5,000 fr., mais n'excédant pas 10,000 fr., — à 20 fr. pour les sommes ou valeurs supérieures à 10,000 fr. mais n'excédant pas 20,000 fr.; — il est ensuite augmenté de 20 fr. pour chaque somme ou valeur de 20,000 fr. ou fraction de 20,000 fr.

Les droits d'enregistrement ont été augmentés d'abord d'un dixième, puis d'un autre dixième et demi, de telle sorte qu'il faut ajouter un quart à tous les droits d'enregistrement. Ainsi le droit tarifé à 40 fr. donne un total de 50 fr.

Le délai pour l'enregistrement est de 10 ou 15 jours pour les actes des notaires selon qu'ils résident ou ne résident pas dans la commune où le bureau d'enregistrement est établi (art. 20, loi du 22 frmaire an VII).

Passons en revue les droits pour les actes les plus usuels.

Adjudications ou ventes de meubles, récoltes sur pied, bois taillis, etc. Droit proportionnel 2 p. 100.

Adjudications d'immeubles, etc., 5 fr. 50 c. par 100 fr.

Baux a loyer et a ferme. — Le droit proportionnel est de 20 centimes par cent fr. sur le prix cumulé de toutes les années, en y ajoutant les charges.

Billets a ordre et autres effets négociables, outre le timbre proportionnel, le droit est de 50 c. par 100 fr.

Cautionnement de sommes, etc., 50 c. par 100 fr.

Cession de créances a terme, 1 pour cent.

Cession d'actions ou de parts sociales, 50 c. pour 0/0 fr.

Contrat de mariage sans stipulation d'avantage ; il n'est dû que le droit gradué sur les apports que chaque futur se fait, 5 f., 10 fr., 20 fr., et plus, suivant l'importance de chaque apport (voir ci-dessus le droit gradué).

Décharge à un mandataire ou comptable ; le droit fixe est de 3 fr.

Délivrance de legs. Le droit gradué est dû sur le montant ou la valeur des objets légués.

Donations entre époux, éventuelles, soumises à l'événement du décès, par contrat de mariage. Le droit fixe est de 7 fr. 50 c. Pendant le mariage, droit fixe, 7 fr. 50 c.

Donations entre vifs par les époux, par contrat de mariage, de biens meubles, 1 fr. 50 c. pour 0/0. — De biens immeubles, 3 fr. pour 100.

Donations pendant le mariage, entre époux, de biens présents, de biens meubles, 3 fr. pour 0/0 ; — de biens immeubles 3 fr. pour cent, outre le droit de transcription qui est de 1 fr. 50 c.

Donations en faveur du mariage par les pères et mères et autres ascendants, — de biens meubles, 1 fr. 25 c. pour cent, — de biens immeubles, même droit avec et en sus le droit de transcription de 1 fr. 50 c.

Donations par frères et sœurs, oncles et tantes, neveux et nièces; meubles et immeubles, 4 fr. 50 pour 0/0. — Par grands oncles et grand'tantes, petits neveux et petites nièces, cousins germains ; meubles et immeubles, 5 fr. pour 0/0 ; — par les parents au-delà du 4e degré et jusqu'au 12e, meubles et immeubles, 5 fr. 50 c. pour 0/0, — par personnes non parentes, 6 pour cent. — Ces droits contiennent le droit de transcription pour les donations d'immeubles.

Donations entre vifs, hors contrat de mariage.

Ligne directe, — meubles, 2 fr. 50 c. pour 0/0.

Id. immeubles, 2 fr. 50 c., plus le droit de transcription, 1 fr. 50 c.

Ligne collatérale, entre frères et sœurs, oncles et tantes, neveux et nièces, pour les meubles et immeubles, 6 fr. 50 c. pour cent.

Entre grands oncles, grand'tantes, petits neveux et petites nièces, cousins germains, — meubles et immeubles, 7 fr. pour cent.

Entre parents du 4ᵉ jusqu'au 12ᵉ degré : meubles et immeubles, 8 pour cent.

Entre personnes non parentes : meubles et immeubles, 9 fr. pour cent.

La valeur des objets donnés est déterminée : pour les meubles par la déclaration estimative des parties, sans distraction des charges ; — pour les immeubles *ruraux* par une évaluation portée à 25 fois le revenu, s'il s'agit de la propriété, et 12 fois 1/2 s'il s'agit de l'usufruit ; — pour les autres immeubles par l'évaluation portée, s'il s'agit de la propriété, à 20 fois, et s'il s'agit de l'usufruit, à 10 fois, le produit des biens ou le prix des baux courants, sans distraction des charges.

Echanges d'immeubles : Si les parts sont égales, le droit proportionnel est de 3 fr. 50 c. pour cent; droit de transcription compris.

Si les parts sont inégales, il y a en outre un droit de vente sur la plus value, droit qui est de 5 fr. 50 c pour cent.

Cependant il n'est dû que 20 centimes pour 100, s'il s'agit d'immeubles ruraux non bâtis, et lorsqu'il est justifié : 1° que l'un d'eux est contigu à d'autres propriétés de celui qui le reçoit ; 2° que les immeubles ont été acquis par acte enregistré depuis plus de 2 ans, ou recueillis par les échangistes à titre héréditaire ; 3° qu'ils sont situés dans le même canton ou dans les cantons limitrophes ; 4° que la contenance de la parcelle contigue ne dépasse pas 50 ares. — En outre le droit de soulte est réduit, dans ce cas, à 1 p. 100, pourvu que la soulte n'excède pas un quart de la valeur de la moindre part.

Pour évaluer les immeubles échangés, on forme un capital avec le revenu multiplié par 25, pour les immeubles ruraux, et par 20 pour les autres immeubles ,sans distraction des charges.

Hypothèques (droits d') 1 fr. pour 1,000 fr. pour les créances hypothécaires. — Droit de transcription 1 fr. 50 par 100, droit presque toujours perçu lors de l'enregistrement. — 1 fr. fixe pour les actes où le droit a été perçu. — 1 fr. pour chaque bordereau d'inscription, pour chaque radiation, pour chaque extrait d'inscription, — pour radiation de saisie immobilière, — pour mention du jugement d'adjudication, etc.; — et en sus le remboursement du papier timbré employé, avec un droit variant de 20 à 50 centimes.

Inventaires de meubles, objets mobiliers, titres et papiers ; il est dû pour chaque vacation un droit fixe de 3 fr.

Licitation de biens immeubles indivis : acquisition par l'un des co-intéressés de parts et portions ; droit proportionnel, 4 fr. p. 100.

Main levée totale ou partielle d'hypothèque : droit gradué d'après le montant des sommes faisant l'objet de la main levée ; 5 fr. pour la somme de 5,000 fr. et au-dessous, etc..... S'il y a seulement réduction de l'inscription, il n'est dû qu'un droit de 5 fr. par acte.

Mandat ou procuration : droit fixe de 3 fr.

Mutations par décès :

En ligne directe : meubles et immeubles : 1 fr. p. 100.

Entr'époux : meubles et immeubles, 3 fr. p. 100. Si l'époux hérite, à défaut de parents, le droit est dû comme entre personnes non parentes.

En ligne collatérale : Entre frères et sœurs, neveux et nièces oncles et tantes : meubles et immeubles 6 fr. 50 pour 100 fr.

Entre grands oncles, grand'tantes, petits neveux et petites nièces, cousins-germains : meubles et immeubles 7 francs pour 100.

Entre parents au-delà du 4e degré et jusqu'au 12e : meubles et immeubles, 8 p. 100.

Entre personnes non parentes : meubles et immeubles, 9 fr. p. 100.

Les alliés sont considérés comme personnes non parentes.

La valeur des biens transmis par décès est déterminée, comme il est dit ci-dessus pour les donations entre vifs.

Mutations par décès de rentes sur l'Etat. Le capital servant à la liquidation des droits est déterminé par le cours moyen de la bourse au jour du décès.

La mutation du titulaire décédé ne peut être effectuée que sur un certificat délivré, sans frais, par le receveur de l'enregistrement et visé par le directeur du département, constatant l'acquittement des droits de mutation par décès. La signature du directeur doit être légalisée par le Préfet.

MUTATIONS des valeurs cotées à la bourse ; elle est déterminée par le cours moyen de la bourse au jour du décès. — S'il s'agit de valeurs non cotées, le capital est déterminé par la déclaration estimative des parties.

OBLIGATIONS de sommes : Droit proportionnel 1 p. 100.

OFFICES (transmission d'), droit 2 p. 100.

ORDRES en justice ou devant notaires, lorsqu'ils ne contiennent ni obligation, ni transport pour le débiteur ; le droit est de 50 c. p. 100.

OUVERTURES de crédit. 50 c. p. 100, sauf perception du droit complémentaire d'obligation en sus de réalisation constatée.

PARTAGES de biens meubles et immeubles entre co-propriétaires, à quelque titre que ce soit, pourvu qu'il en soit justifié et sans soulte : — Droit gradué d'après le montant de l'actif net partagé ; — 5 fr. si cet actif net est de 5,000 fr. et au-dessous ; — 10 fr. s'il est supérieur à 5,000 fr., mais n'excède pas 10,000 fr. ; — 20 fr. s'il est supérieur à 10,000 fr. et n'excède pas 20,000 fr.; 20 fr. par 20,000 fr. ou fraction de 20,000 fr. si l'actif net est supérieur à 20,000 fr.

S'il y a retour ou soultes, voir plus bas au mot *retour*.

PRESCRIPTION. 1° Après *un an*, pour requérir l'expertise, si le prix est inférieur.

2° Après *deux années*, s'il s'agit d'un droit non perçu, sur une disposition particulière d'un acte.

3° Après *cinq ans*, s'il s'agit d'une omission de biens, autres que les inscriptions de rente sur l'Etat, dans une déclaration faite après décès.

4° Après *dix ans*, à compter du jour du décès pour les successions non déclarées — ou pour prouver toutes dissimulations de prix de vente ou soulte d'immeubles.

5° Après *trente ans*, en cas de retard dans la déclaration ou d'omission d'inscription de rentes sur l'Etat, dans la déclaration des héritiers, légataires ou donataires.

PROCURATION ne contenant ni obligation, ni clause donnant lieu à un droit proportionnel. Le droit fixe est de 3 fr.

PROROGATIONS de délai : droit gradué d'après le montant de la créance dont le terme d'exigibilité est prorogé. Le titre de créance a été enregistré

QUITTANCE du prix de vente, contenue dans l'acte de vente : exempte.

QUITTANCE en dehors du contrat et portant libération de sommes : 50 c. pour 100.

RÉSILIATION de bail : droit fixe, 3 fr.

RÉSOLUTIONS judiciaires :droit fixe, 7 fr. 50 c.—Si l'acquéreur est entré en jouissance de l'immeuble, le droit proportionnel sera de 4 pour cent.

RÉSOLUTION amiable de ventes d'immeubles : droit, 5 fr. 50 c. pour 100.

RETOURS OU SOULTES de partage de biens meubles : deux pour cent ; — de biens immeubles, 4 fr. pour 100.

RETOURS d'échange de biens immeubles : 5 fr. 50 c. pour 100.

RETRAITS de réméré : avant le délai, 50 c. pour 100 fr. ; — après le délai, droit de 5 fr. 50 c. pour 100.

RÉTROCESSIONS de biens meubles : 2 pour cent ; — de biens immeubles, 5 fr. 50 c. pour cent.

RÉUNIONS de l'usufruit à la nue-propriété, par acte de cession. Il est dû un droit fixe de 4 fr. 50 c., et en outre le droit proportionnel de transcription de 1 fr. 50 c.

SOCIÉTÉ : actes de formation et de prorogation de Société, ne portant ni obligation, ni libération, ni transmission de biens meubles ou immeubles, entre les associés ou autres personnes : droit gradué d'après le montant total des apports mobiliers et immobiliers,. — Calcul ordinaire pour ce droit gradué.

SUBROGATIONS conventionnelles; quand elles ont l'effet d'un transport de créance : droit proportionnel, 1 pour cent.

Subrogations légales résultant de paiement effectué par un créancier hypothécaire à un autre créancier qui le prime : — 50 c. pour 100 fr.

Succession (droits de). V. Mutation par décès.

Testaments. Donations à cause de mort, — dispositions soumises à l'événement du décès, droit fixe, 7 fr. 50.

Timbre (droits de) :

Demi-feuille de petit papier	0 fr.	60
Feuille de petit papier	1	20
Feuille moyen papier.	1	80
Feuille grand papier.	2	40
Feuille de dimension supérieure	3	60

Timbre proportionnel :

De 100 francs et au-dessous	0 fr.	05
De 100 à 200	0	10
De 200 à 300.	0	15
De 300 à 400	0	20
De 400 à 500.	0	25
De 500 à 1000 gradué de 100 à 100 fr. sans fraction, à raison de 0,05 cent. par 100 fr. soit pour 1,000	0	50
De 1,000 à 2,000	1	
De 2,000 à 3,000.	1	50

Les billets même non négociables doivent être écrits sur timbre proportionnel.

Titre nouvel et reconnaissance de rente. Quand le titre primordial est justifié, il n'est dû que le droit gradué sur le capital.

Transactions ne contenant aucune stipulation de sommes, ni aliénation de meubles ou d'immeubles. Droit fixe, 4 fr. 50

Transport. V. Cession de créances.

Vente de fonds de commerce ou de clientèle. Droit, 2 fr. pour 100.

Le droit est perçu sur le prix tant de l'achalandage que de la cession du droit au bail et des objets mobiliers ou autres servant à l'exploitation, à la seule exception des marchandises neuves garnissant le fonds. Ces marchandises ne sont sujettes qu'au droit de 50 c. pour 100 fr., lorsqu'il est stipulé pour elles un prix particulier, et qu'elles sont désignées et estimées article par article dans le contrat, quand la vente est faite par un acte, ou dans la déclaration quand la vente est verbale.

Ventes (après faillite) de meubles, marchandises, mobilier du failli : — Droit, 50 c. pour 100 fr.

Ventes de biens meubles 2 pour cent ; — de biens immeubles, 5 fr. 50 c. pour 100.

Ventes de marchandises neuves : droit, 2 fr. pour 100.

Ventes ou cessions d'actions ou promesses d'actions dans une Société, compagnie ou entreprise quelconque, financière, industrielle, commerciale ou civile, quelle que soit la date de sa création, — et d'obligations émises soit par les Sociétés soit par les départements, communes et établissements publics : — droit, 50 c. pour cent francs de la valeur négociée, sans décime. Mais il faut déduire les versements restant à faire sur les titres non entièrement libérés.

Ce droit, pour les titres au porteur et pour ceux dont la souscription peut s'opérer sans un transfert sur les registres de la Société, est converti en une taxe annuelle et obligatoire de 20 centimes pour 100 fr., sans décimes, du capital des actions et obligations évalué par leur cours moyen pendant l'année précédente et à défaut de cours dans cette année, conformément aux règles établies par les lois sur l'enregistrement.

Ces droits sont payés par les Sociétés, sauf leur recours contre les propriétaires et porteurs de titres, auxquels elles ne remettent les intérêts et dividendes, que sous la déduction de ces droits.

CHAPITRE VI

Actions des notaires en paiement de leurs honoraires

20. — Pour leurs déboursés tels que droits d'enregistrement et frais de papier timbré, les notaires ne peuvent plus se faire délivrer un exécutoire par le juge de paix. Ils doivent réclamer leurs honoraires et leurs déboursés, par la même action. Dans quel délai devra être inventée cette action ? La loi du 5 août 1881 répond que l'action des notaires en paiement des sommes dues pour les actes de leur ministère se prescrit par 5 ans à partir de la date des actes. Cette prescription s'applique non seulement aux honoraires mais encore aux avances qu'ils ont pu faire pour l'affaire, par exemple pour le paiement des droits d'enregistrement. (Analogie. Cass. 16 décembre 1846. — D, 47. 1. 33.)

Cependant cette prescription ne saurait s'appliquer aux honoraires dus aux notaires, en dehors de leur ministère, comme mandataires ou *negotiorum gestores* de leurs clients, par exemple pour avoir dressé un état, afin de déclarer les droits de mutation après décès. (Analogie. Douai, 21 mars 1863. — S. 63. 2. 186.)

Cette prescription de 5 ans est une innovation de la loi du 5 août 1881 ; auparavant, les notaires avaient en leur faveur la prescription ordinaire de 30 ans. Ils étaient dans une meilleure situation que d'autres officiers ministériels ; ainsi, de par l'article 2273 civ. l'action des avoués pour le paiement de leurs frais et salaires, se prescrit par 2 ans à partir du jugement des procès, et par 5 ans pour les affaires non terminées. — L'action des huissiers se prescrit, d'après l'art. 2272 civ. par un an.

Cette courte prescription de 5 ans contre les notaires est fondée sur une présomption de paiement. Cette présomption est-elle *juris et de jure* et n'a-t-elle, pour être combattue, que le serment ? C'est une question assez délicate que nous examinerons, après avoir recherché si cette prescription quinquennale peut cesser et dans quels cas, et si elle peut être suspendue.

21. — Le paragraphe 1er de l'art. 1er de la nouvelle loi déclare que cette prescription de 5 ans ne cesse de courir que lorsqu'il y a compte arrêté, reconnaissance, obligation ou citation en justice non périmée. Si donc la courte prescription cesse c'est à dire si elle disparaît, c'est la prescription ordinaire qui existe. Ainsi, dans ces divers cas de reconnaissance, c'est la prescription de 30 ans qui remplace la prescription de 5 ans.

La prescription cesse de courir lorsqu'il y a eu compte arrêté entre le notaire et le client. En effet, quand celui-ci souscrit un compte, il reconnaît, d'une part, qu'il n'a point payé, et, d'autre part, qu'il ne payera pas dans le court délai de la prescription ;

sinon il serait inutile d'arrêter un compte. Les parties ne se trouvent plus dans la même situation que la loi suppose, en établissant les courtes prescriptions ; le créancier ne demande pas à être payé de suite, et le débiteur reconnaît qu'il ne peut pas payer. Les parties se replacent donc dans la position des débiteurs et créanciers en général ; partant, il y a lieu à la prescription ordinaire de 30 ans. — La loi n'indique aucune forme pour la validité du compte ; mais un règlement de compte non signé n'aurait pas pour effet de faire cesser la courte prescription. — Un notaire assigne en compte un de ses clients, à l'occasion des honoraires à lui dus; il faut voir ce qui se passe lors du jugement : si le débiteur reconnaît tout ou partie de la dette, il y aura compte arrêté et par suite cessation de la prescription. (Rejet, 11 février 1840.)

Cette courte prescription cesse encore de courir lorsqu'il y a *reconnaissance* ou *obligation*. Ces expressions doivent s'entendre dans le sens le plus large ; la loi n'exige pas un acte proprement dit par lequel le débiteur reconnaît sa dette ; une lettre suffirait. — Un notaire écrit à son client pour l'inviter à lui payer ses frais d'actes, le client répond qu'il passera chez lui pour examiner et solder ces frais. Cette lettre est une véritable obligation ; il en serait de même dans le cas où le fondé de pouvoir du débiteur écrit au notaire qu'il fera tous ses efforts pour le faire payer. (Rej., 11 juillet 1820 et 6 février 1822.)

La reconnaissance est l'aveu fait par le débiteur du droit du propriétaire ou du créancier. Il ne faut pas confondre le fait juridique de la reconnaissance avec la preuve de ce fait. La reconnaissance peut même résulter d'un acte que le débiteur a fait avec un tiers. Ainsi le débiteur peut dans un autre acte, charger un tiers de payer les frais et honoraires dûs au notaire pour un acte précédent.

Tout débiteur peut reconnaître le droit qu'il a commencé à prescrire. Si ce débiteur est une femme mariée ou un mineur, il ne pourra pas faire cette reconnaissance qui comporte l'aliénation d'un droit mobilier. Il faudra l'autorisation maritale ou celle du tuteur. Ce dernier, qui a un pouvoir d'administration, a capacité de payer, et, certains esprits lui accordent le droit de renoncer à la prescription. Mais en agissant ainsi, le tuteur renonce à un droit éventuel que la prescription aurait donné à celui dont il administre les biens; or, un administrateur n'a jamais le droit de renoncer. Cependant un arrêt de Cassation du 26 juin 1821 a décidé que la prescription avait été interrompue par des lettres émanées du tuteur de l'héritier du débiteur, lettres par lesquelles il demandait un délai pour payer. Un autre arrêt de rejet du 5 février 1872, décide que le règlement d'une dette faite par un mandataire interrompt la prescription. Cela n'est pas douteux si le mandataire a le pouvoir exprès de régler.

La femme mariée a généralement le mandat tacite de contracter les dettes de ménage ; elle a donc capacité pour les reconnaître et interrompre la prescription. Mais le mari seul a la droit de régler les frais dûs à l'occasion des actes notariés ; donc l'interruption de la prescription de la part de la femme seule serait inefficace.

La reconnaissance peut être expresse ou tacite. La reconnaissance expresse se fait par parole ou par écrit ; mais il y a une difficulté, c'est celle de la preuve. La preuve testimoniale n'est pas admissible quand l'objet du litige dépasse la somme ou la valeur de 150 fr., à moins qu'il ne s'agisse d'une dette commerciale dont la preuve se fait par témoins, et partant par présomptions (Cass. 17 novembre 1858). — Une lettre signée est une preuve juridique ; quant à l'interprétation de sa teneur, elle appartient au juge du fait.

Les offres réelles interrompent la prescription ; il n'est pas nécessaire qu'elles soient suivies de la consignation. L'offre est un véritable aveu de la dette.

La reconnaissance existe quand le débiteur paye une partie du capital ou les intérêts sans protestation ; s'il offre caution ; s'il demande du délai pour payer ; s'il donne mandat exprès pour payer. La reconnaissance tacite est donc une question de fait dont on peut puiser la solution dans tous écrits du débiteur, même dans ceux où le créancier n'a pas comparu.

Si celui qui invoque l'interruption de la prescription ne peut parvenir à prouver juridiquement les faits interruptifs, il peut déférer le serment à la partie adverse. Ici, il ne s'agit pas de savoir si celui qui oppose la prescription a payé, il s'agit de savoir si le débiteur a reconnu le droit du créancier, et si par suite la prescription a été interrompue.

Un commencement de preuve par écrit, les papiers domestiques du débiteur peuvent suffire pour admettre la présomption que le débiteur a reconnu la dette et a interrompu la prescription.

22. — La loi place la citation en justice sur la même ligne que la reconnaissance par suite d'un compte ou d'une obligation; ce qui conduit à cette conséquence très importante que la citation n'interrompt pas seulement la prescription, mais qu'elle en change les conditions ; la courte prescription est remplacée par la prescription trentenaire. La raison en est que, par suite de l'instance judiciaire, le créancier obtient un titre ; dès lors, il n'a plus de raison pour se presser d'agir contre le débiteur et celui-ci ne payera pas, sans avoir retiré une quittance. Les parties ne se trouvent donc plus dans la situation qui a fait introduire les courtes prescriptions ; par suite, elles rentrent sous l'empire du droit commun.

En principe général, une citation en justice interrompt la prescription, mais ne change pas les conditions de la prescription et notamment sa durée. Mais pour les courtes prescriptions, il y a dérogation à ce principe. En effet, le texte ne dit pas que la prescription est interrompue, mais il dit qu'elle cesse de courir. Ce qui signifie qu'il n'y a plus lieu aux courtes prescriptions ; donc elles font place à celle de l'article 2262 civ.

C'est avec raison que la Cour de Douai, le 9 juin 1841, a vu une reconnaissance dans quatre lettres successives qu'un client écrivait à un avoué qui lui réclamait le payement de frais Ces lettres ne précisait pas le chiffre des frais et honoraires ; elles constataient seulement l'existence de la dette. La Cour assimila les lettres à une obligation et elle en conclut qu'il n'y avait pas seulement une reconnaissance interruptive de la prescription, mais que cette reconnaissance formait un titre spécial qui ne pouvait être éteint que par la prescription trentenaire. Juridiquement, il n'appartient pas aux parties intéressées de changer la durée de la prescription, en ce sens qu'une prescription qui, d'après la loi, cesse d'être courte pour devenir longue, resterait courte.

Pour produire effet, la citation en justice ne doit pas être périmée. La prescription est interrompue à partir de la date de l'acte authentique d'ajournement. Cette interruption se prolonge au-delà du moment où elle se fait ; il est de principe que l'effet interruptif de l'instance judiciaire dure aussi long temps que l'instance elle-même ; d'où la conséquence que la prescription ne peut s'accomplir pendant la durée de l'instance, quelque longue qu'elle soit et quelque courte que soit la prescription. La citation ouvre l'action qui se poursuit pendant toute la durée de l'instance jusqu'au jugement. Tant qu'il y a action, il ne saurait y avoir prescription. Donc une nouvelle prescription ne peut commencer tant que dure l'instance. La prescription ne pourra donc commencer à courir que lorsque le jugement aura mis fin à l'instance. Mais cette instance peut tomber en péremption par défaut d'actes de procédure. Cette péremption n'a pas lieu de plein droit; elle est même couverte par les actes valablement faits par l'une où l'autre des parties, avant la demande en péremption. Si la péremption est demandée et prononcée, l'ajournement sera considéré comme non avenu, et sans effet ; donc la courte prescription n'aura pas été interrompue.

Si le jugement a accueilli la demande, le notaire a une action pour poursuivre l'exécution des condamnations prononcées à son profit. Cette action se prescrira d'après le droit commun. C'est une nouvelle prescription qui commence et qui n'a rien de commun avec la prescription de la créance dont le payement était poursuivi en justice. Quand même cette créance aurait été soumise à une courte prescription, l'action née du jugement ne se prescrira que par 30 ans ; ce n'est plus l'ancienne créance dont le demandeur poursuit le paiement, c'est l'action née du jugement dont il poursuit l'exécution.

Quoique toute instance soit éteinte par discontinuation des poursuites pendant 3 ans, cette péremption n'a pas lieu de plein droit; elle peut être même couverte avant d'être demandée et prononcée (art. 397 à 401 proc.). Il se peut que, malgré la discontinuation des poursuites, il n'y ait pas de péremption ; mais l'instance ne saurait se perpétuer à l'infini; autrement il faudrait admettre que les droits deviennent imprescriptibles du moment qu'on les fait valoir en justice. L'interruption dure tant que le procès continue ; mais si le procès ne continue point, il doit y avoir une fin à l'interruption qui résulte de la citation en justice. A quel moment aura lieu cette fin ? Toute action se prescrit par

30ans ; donc toute action judiciaire doit se prescrire par ce laps de temps.

La prescription est interrompue par une citation en justice, quand même l'action aurait été portée devant un juge incompétent (art. 2246 civ.). La prescription ainsi interrompue recommencera à courir du moment où le juge se sera déclaré incompétent. C'est à la partie qui allègue un acte interruptif à le prouver ; or, le demandeur ne peut se prévaloir d'une action formée devant un juge incompétent en isolant la demande de la décision par laquelle le juge a déclaré son incompétence. C'est à la partie à surveiller les suites de sa demande, à s'assurer de l'existence du jugement d'incompétence qui lui rend toute liberté d'agir devant le tribunal compétent ; et elle doit agir, si elle veut interrompre la nouvelle prescription qui va courir, à partir du jugement qui a prononcé l'incompétence.

23. — Un commandement interrompt la prescription, car ce commandement contient la copie du titre constatant la créance dont on réclame le paiement. Il en est de même de la saisie. Au reste, nous indiquerons plus loin la procédure qu'un notaire peut suivre, afin d'obtenir le paiement des sommes dues pour les actes de son ministère.

Si le titre avait été obtenu contradictoirement avec un client, le notaire aurait vu la courte prescription disparaître pour faire place à la prescription trentenaire, courant à partir de la date du titre, ou du terme qui a pu y être stipulé.

Une sommation, une signification, une interpellation ne sont pas des actes interruptifs de la prescription ; il n'y a que ceux auxquels la loi attache cet effet ; le seul acte extrajudiciaire est le commandement. En cas de transport-cession, la signification du titre au débiteur cédé n'interrompt pas la prescription. Cette notification n'est que la publicité donnée à la cession dans l'intérêt des tiers. — La notification d'un titre exécutoire que font les héritiers du créancier, en vertu de l'art. 877 civ., n'est pas non plus un acte interruptif. Le commandement, qui est l'acte interruptif, ne peut avoir lieu que 8 jours après. — Toutes les saisies, même la saisie arrêt, qui sont des actes d'exécution, interrompent la prescription. (Rejet, 25 mars 1874.)

24. — Peut-il y avoir lieu à suspension de la prescription de

5 ans au profit du notaire réclamant ses frais ? l'art. 1er de la loi du 5 août 1881 répond que l'art. 2278 civ., est applicable à cette prescription. Donc cette prescription court contre les mineurs et les interdits, sauf leur recours contre leur tuteur. Cette courte prescription est fondée sur des motifs d'ordre public. Quand cet intérêt est en cause, le législateur y subordonne l'intérêt particulier des mineurs et interdits.

Néanmoins, le notaire auquel cette prescription de 5 ans est opposée peut déférer le serment à celui qui l'oppose sur la question de savoir si la chose a été réellement payée (art. 2275 civ.). Cette prescription est donc fondée sur une présomption de payement ; mais cette présomption admet-elle la preuve contraire ? La rigueur des principes répond que le créancier ne peut combattre cette exception de prescription par aucune preuve, sauf par le serment. L'art. 2275 civ. est tiré de l'art. 10 de l'ordonnance de 1673, laquelle permettait, outre le serment, l'interrogatoire sur faits et articles. Les auteurs du Code ont retranché cet interrogatoire et l'aveu qui peut en résulter. Donc il n'y a plus que le serment pour affirmer que la dette a été payée. Cette opinion absolue est cependant combattue par des auteurs qui prétendent que, en tout état de cause, le créancier peut faire interroger le débiteur sur faits et articles. La jurisprudence est divisée. Certains arrêts y trouvent une présomption *juris et de jure,* et par conséquent aucune preuve n'est reçue. La Cour de cassation dit que la prescription dispense de toute preuve celui qui l'invoque, et n'admet aucune preuve contraire si elle n'a pas été réservée expressément par la loi. Or, l'article 2275 ne réserve au notaire auquel la prescription est opposée, que le droit de déférer le serment à son adversaire ; donc, tout autre preuve est inadmissible. (Cassation, 28 mars 1854 et 7 novembre 1860.)

Souvent les juges, qui voient en face la mauvaise foi de celui qui invoque la prescription, sont disposés à admettre la preuve contraire à la présomption de payement. Ils interrogent le débiteur pour arriver à un aveu. Mais, selon nous, cet interrogatoire n'est pas juridique, il n'y a que la délation du serment. Cependant un arrêt de Toulouse, du 17 juin 1862, a tourné la difficulté. Le défendeur ne prétendait pas avoir payé la dette réclamée, mais il soutenait, au contraire, malgré l'évidence des faits, n'avoir jamais rien pu devoir. Il ne s'agissait pas de la présomption de paiement d'une dette, mais de l'existence même de cette dette. Or, le demandeur prouvant sa créance, c'était au débiteur à prouver sa libération. Lorsqu'il invoquait la prescription, n'était-il pas censé dire au demandeur : « Je ne vous dois rien ; je ne vous ai jamais rien dû ; et si toutefois je vous dois quelque chose, je vous ai payé, et j'invoque la prescription. » A un pareil langage, le demandeur ne peut répondre juridiquement que par la délation du serment. Donc, aucune preuve n'est admise contre l'exception de prescription, sinon la délation du serment. Quant au juge, quelque soient les hésitations de sa conscience, il prononcera une sentence incritiquable, en se basant toujours sur la loi.

La disposition de l'art. 2275 est limitée formellement aux courtes prescriptions invoquées contre les notaires, les avoués, etc. On ne peut l'étendre à d'autres cas. La règle générale est qu'aucune preuve n'est admise contre la prescription légale de payement, à moins que cette preuve n'ait été réservée par la loi (cass. 13 février 1856).

L'art. 2275 ajouté : « Le serment pourra être déféré aux veuves et héritiers, ou aux tuteurs de ces derniers s'ils sont mineurs, pour qu'ils aient à déclarer s'ils ne savent pas que la chose soit due. » C'est ce qu'on appelle le serment de *crédulité*. Ce serment ne peut être déféré que dans les termes formels de la loi. La veuve et les héritiers n'ont pas une connaissance personnelle des dettes du défunt, voilà pourquoi la loi permet seulement au créancier de leur déférer le serment pour qu'ils aient à déclarer *s'ils ne savent pas que la chose soit due* ; le demandeur ne peut pas étendre ses interpellations au-delà ; et s'il le fait, le juge doit rejeter le serment, à moins que le créancier ne consente à le réduire à la déclaration légale (Chambéry, 28 février 1873).

Un tuteur oppose, au nom de ses mineurs, la prescription de 5 ans ; le demandeur répond par la délation de serment qu'il formule ainsi : « Croyez-vous et savez-vous si l'auteur des mineurs a payé la somme réclamée ? » Une telle formule doit être repoussée par le juge. La formule doit se borner à demander au tuteur : « Ne savez-vous pas que la chose soit due? » — Le tuteur qui invoque la prescription oppose une exception péremptoire, qui détruit la demande, tandis que le tuteur qui oppose que la dette a été payée, devient demandeur quant à cette exception et doit en prouver le fondement. Donc sous aucun rapport, et en sa qualité, le tuteur ne peut se mettre dans cette situation.

A qui le serment de crédulité peut-il être déféré ? A ceux seulement qu'énumère l'art. 2275, c'est à dire aux veuves, héritiers et tuteurs. Un arrêt a admis la délation de serment faite à un syndic de faillite (Bordeaux 31 janvier 1827) Cette décision nous paraît douteuse, le syndic est étranger aux affaires du failli ; la veuve, les héritiers, le tuteur peuvent avoir quelque connaissance des faits qui sont l'objet du litige.

Le point de départ de la prescription de 5 ans est facile à déterminer lorsque l'exécution est immédiate ou certaine ; ce point de départ est la date même des actes. Mais si leur exécution est subordonnée au décès, tels que les testaments et donations entr'époux pendant le mariage, les 5 ans ne dateront que du jour du décès de l'auteur de la disposition.

25. — Il arrive souvent que le client paie, sans soulever de contestations, la somme qu'un notaire lui réclame pour les actes de son ministère; ou bien cette somme entre dans un règlement de compte signé et approuvé par les parties ; ou bien encore cette somme fait l'objet d'une reconnaissance ou obligation ; dans tous ces cas, le client peut croire que le notaire a exigé une somme trop élevée. Malgré ce paiement ou règlement, le client peut encore demander la taxe et agir en restitution des honoraires qu'il aurait payés en trop. Cette demande de taxe et cette action en restitution pouvaient être exercées pendant 30 ans contre les notaires. La loi du 5 août 1881 a limité à un très bref délai l'exercice de cette double action. L'article 2 dit : « Les demandes en taxe et en restitution des honoraires dûs aux notaires pour les actes de leur ministère se prescriront par 2 ans, du jour du payement, ou du règlement par compte arrêté reconnaissance ou obligation. » Cette innovation a eu pour but d'empêcher les notaires d'être longtemps exposés à l'action d'un client qui avait payé les frais et honoraires, sans aucune contestation.

Cette courte prescription de 2 ans court à partir du payement fait par le client, ou du jour du règlement par compte arrêté, ou de la date de la reconnaissance ou de l'obligation.

En résumé la nouvelle loi oblige les notaires à réclamer leurs déboursés et honoraires dans les 5 ans de la date des actes, — et force les clients à réclamer, dans les 2 ans, la taxe d'actes qu'ils auraient payés volontairement

26. — La loi de 1881, dans son article 4, accorde cette prescription de 2 ans aux avoués ou aux huissiers, pour repousser la demande en taxe ou l'action en restitution des honoraires. Et ce délai court à partir du jour du payement, ou du règlement par compte arrêté, reconnaissance ou obligation. Les dispositions du code-civil restent en vigueur à l'égard des avoués et huissiers pour les honoraires qu'ils peuvent réclamer.

Aux termes de l'art. 2273, l'action des avoués, pour le payement de leurs frais et salaires, se prescrit par 2 ans, à compter du jugement du procès, ou de la conciliation des parties, ou depuis la révocation des dits avoués. A l'égard des affaires non terminées, ceux-ci ne peuvent former de demandes pour leurs frais et salaires qui remonteraient à plus de 5 ans.

Cette disposition suppose, dans l'un et l'autre cas, que l'avoué est demandeur. D'une part, sa réclamation doit être faite dans les 2 ans à partir du jour où le procès est terminé par jugement définitif ou par transaction. Si l'avoué vient à décéder, ou s'il est destitué, ou si son office est supprimé, la prescription de 2 ans partira de la mort, de la destitution ou de la suppression (rej. 19 août 1816). Par frais et honoraires, il faut entendre ce qui est dû à l'avoué pour l'exercice de son ministère. Ce mot *frais* comprend tout ce que l'avoué doit débourser : tels sont, outre les honoraires proprement dits, les droits d'enregistrement, de greffe, le coût des actes des huissiers ou de copies des pièces qui lui sont nécessaires (cass. 16 décembre 1846). — Si l'avoué agit en dehors des fonctions de son ministère, il reste, quant à la prescription sous l'empire du droit commun. Ses honoraires de plaidoiries, dans le cas où il est autorisé à plaider, ne sont pas soumis à la prescription de 2 ans ; ce n'est pas en qualité d'officier ministériel qu'il plaide (Orléans 30 juin 1842). Le salaire des agents d'affaires reste soumis à l'art. 2262. Il en est de même des honoraires des avocats. Pour les affaires non terminées la prescription est de 5 ans.

Quant aux huissiers, l'action pour le salaire des actes qu'ils signifient et des commissions qu'ils exécutent se prescrit par un an. L'action des avoués dure 2 ans. Par frais, il faut entendre les salaires et déboursés tels que frais d'enregistrement et de timbre (rejet, 23 juin 1863). Mais si l'huissier fait des avances, telles que frais de levée de jugement ou d'inscription hypothécaire, il n'agit pas comme officier ministériel, mais comme mandataire ou gérant d'affaires, et à ce titre il demeure sous l'empire du droit commun (cassation 18 février 1873 et 9 mars 1875).

Cette prescription d'un an peut être invoquée contre l'huissier quoiqu'il soit en possession des actes par lui signifiés. Cette circonstance que l'huissier n'a pas remis les pièces affaiblit la présomption de paiement, mais le législateur *seul* aurait pu en induire une présomption contraire (cass. 10 mai 1836).

Le plus souvent l'huissier fait des recouvrements pour son client ; il est alors officier ministériel pour les actes qu'il notifie, et mandataire pour les sommes qu'il reçoit. Dans ce dernier cas, on ne peut invoquer contre lui que la prescription ordinaire. Et en pratique, il paraît difficile de ne pas comprendre dans le même compte les exploits et les sommes reçues. Le client pourrait-il invoquer la courte prescription pour le coût des exploits ? Oui, juridiquement, mais non en fait ; car il y a là des éléments d'un seul compte qu'un mandataire rend à son mandant.

Aussi dans les rapports des huissiers, non avec leurs clients, mais avec les avoués, la prescription n'est pas d'un an, mais de 30 ans. Ainsi un huissier est chargé habituellement par un avoué de signifier les actes de son étude, l'action qu'il a contre l'avoué naît du mandat ou du compte courant et dure 30 ans. L'article 2272 suppose que l'huissier agit contre son client seulement (Montpellier 10 mars 1858).

Ces courtes prescriptions qui peuvent être invoquées contre l'avoué ou l'huissier supposent toujours que ces officiers ministériels sont demandeurs ; et alors on se trouve sous l'application des dispositions du code civil. Mais l'art. 4 de la loi du 5 août 1881 suppose au contraire que ces officiers ministériels sont défendeurs et sont l'objet d'une demande en taxe ou d'une action en restitution. Dans ce cas, ils peuvent invoquer la prescription de 2 ans pour repousser cette double demande. Ils sont placés sur le même pied que les notaires. Ceux-ci puisent leurs droits dans l'art. 2, et ceux-là dans l'art 4. La prescription qu'ils peuvent invoquer est de 2 ans.

27. — D'après une jurisprudence assez constante, et basée sur les art. 1202 et 2002 civ., les notaires ont une action solidaire contre chacune des parties pour le paiement de leurs déboursés et honoraires. Ils sont tenus de former, dans les 5 ans de la date de l'acte, leur demande en paiement de leurs honoraires. Il suffit qu'ils forment leur action contre l'une des parties. Aux termes de l'art. 2249 l'action dirigée contre un seul des débiteurs solidaires ou sa reconnaissance fait cesser la prescription contre tous les autres. L'action intentée, non plus contre l'un des débiteurs solidaires, mais contre l'un de ses héritiers ne fait pas cesser la courte prescription à l'égard des autres co-héritiers, et ne fait cesser cette prescription à l'égard des autres débiteurs solidaires que pour la part dont l'héritier actionné est tenu. Il faudrait, pour faire cesser cette prescription, actionner non pas un, mais tous les héritiers de l'un des débiteurs solidaires.

En un mot les notaires sont les mandataires des parties contractantes pour la rédaction de leurs conventions, et l'art. 2002 civ. donne à tout mandataire l'action solidaire contre ses mandants pour se faire payer, aux termes de l'art. 1999, de ses avances et de ses honoraires (cass. 9 avril 1850).

CHAPITRE VII

PROCÉDURE DE LA TAXE ET DE L'ACTION EN PAIEMENT DES DROITS ET HONORAIRES DUS AUX NOTAIRES

28. — Les actes des notaires donnent lieu, à leur profit, au recouvrement des déboursés et à celui des honoraires. Les notaires avancent le timbre et l'enregistrement de leurs actes ; il sont personnellement responsables vis-à-vis l'administration du paiement de ces droits. Ils doivent confondre le recouvrement de ces avances avec le recouvrement des honoraires ; ils ne peuvent plus s'adresser au juge de paix de leur canton, pour obtenir un exécutoire contre leurs clients. Cette faculté est abrogée par la loi du 5 août 1881.

Ainsi, pour le recouvrement des honoraires et des avances, la loi constitutive du notariat, du 25 ventôse an XI, en son article 31 s'exprimait ainsi : « Les honoraires et vacations des notaires seront réglés à l'amiable entr'eux et les parties ; si non par le tribunal civil de la résidence du notaire, sur l'avis de la Chambre, sur simple mémoire et sans frais. »

Cette disposition a été abrogée par l'art. 60 du code de procédure civile qui dit que les demandes formés pour *frais* par les officiers ministériels, seront portés au tribunal où les frais ont été faits. Il n'est pas douteux que les notaires sont compris dans cette expression, *les officiers ministériels*. Mais cet article 60 ne réglait que la compétence générale et n'indiquait pas la procédure à suivre.

Ensuite est venu l'art. 9 du deuxième décret du 16 février 1807 qui porte : « Les demandes des avoués et *autres officiers ministériels*, en paiement de *frais*, contre les parties pour lesquelles ils auront occupé ou instrumenté, seront portées à l'audience, sans qu'il soit besoin de citer en conciliation ; il sera donné en tête des assignations, copie du mémoire des frais réclamés ». En vertu de ce texte, les notaires pouvaient porter directement devant les tribunaux de 1re instance les actions en paiement de leurs déboursés et honoraires ou de leurs honoraires seulement, à la charge de signifier leurs mémoires en tête de leurs assignations.

Ces mémoires devaient-ils être préalablement taxés ? La question était controversée. Il est inutile de chercher une solution puisque la loi du 5 août 1881 a formulé la procédure.

29. — Il faut d'abord suivre l'art. 173 du décret du 16 février 1807 ainsi conçu : « Tous les actes du ministère des notaires, notamment les partages et ventes volontaires qui auront lieu pardevant eux, seront taxés par le Président du tribunal de 1re instance de leur arrondissement. » Le Président n'est pas astreint à prendre l'avis de la Chambre des notaires ; seulement il est d'usage que cet avis soit formulé au bas du mémoire présenté au Président, qui se trouve ainsi éclairé dans sa religion.

Le Président fixe la taxe et la *rend exécutoire*. Cet exécutoire est une heureuse innovation de la loi de 1881, et vient combler une lacune de l'art. 173 du décret de 1807. Cet exécutoire est délivré, sur la réquisition du notaire, par le greffier du tribunal.

Cet exécutoire est susceptible d'abord, d'opposition, et cela se comprend puisque le client n'a pas été appelé devant le Président, pour contredire les articles portés au mémoire du notaire.

Cette opposition est portée devant le tribunal, en audience publique, qui juge comme en matière sommaire.

Ces derniers points qui étaient controversés en doctrine, comme en jurisprudence, sont nettement tranchés par l'art. 3 de la loi du 5 août 1881.

Ainsi ce n'est pas en la Chambre du Conseil, comme pour les avoués, qu'auront lieu les débats des mémoires des notaires, c'est en audience publique. Ceux-ci ont donc intérêt à établir d'une manière régulière leurs états de frais, afin qu'aucune atteinte ne soit portée ni à leur honneur ni à leur réputation.

Le jugement que le tribunal prononce ainsi, en audience publique, rend la taxe définitive, et de nouveau exécutoire contre la partie condamnée. Ce jugement est susceptible d'appel de la part du notaire ou des parties, s'il a prononcé sur un litige excédant le dernier ressort. La loi de 1881 a, avec juste raison, maintenu le droit d'appeler qui est la règle générale. Un litige excédant les limites du dernier ressort est-il moins digne d'être soumis aux juges d'appel par ce qu'il se produit pour ou contre un notaire?

Cet appel doit avoir lieu dans les délais et formes ordinaires. Et la cour statue aussi, comme en matière sommaire, et en audience publique.

1° Le notaire présente au président du tribunal civil un mémoire comprenant ses honoraires détaillés, avec ses avances; ce mémoire peut contenir l'avis de la Chambre des notaires. Il est d'usage, lorsque la taxe offre quelqu'importance, que le notaire présente lui-même ce mémoire avec les pièces à l'appui, à M. le Président auquel il peut fournir toutes explications. Le Président fait la taxe et la rend exécutoire par l'entremise du greffier;

2° Le notaire fait signifier cet exécutoire à son débiteur, lequel peut y former opposition avec ajournement devant le tribunal civil. Celui-ci statuera, en audience publique, et comme en matière sommaire.

Le tribunal n'est pas lié par la taxe opérée par le Président, sur la provocation de l'officier ministériel, en l'absence des parties intéressées.

3° Si l'instance est en premier ressort (au-delà de 1,500 fr.), le notaire ou son débiteur peut interjeter appel ; la cour statue en audience publique, et juge comme en matière sommaire.

30. — L'affaire pourra s'engager autrement ; le client fera des offres au notaire, offres que celui-ci refusera comme insuffisantes. Alors le client assignera l'officier ministériel, en validité d'offres, devant le tribunal civil qui statuera en audience publique. Si, après avoir fait ses offres, le client reste dans l'inaction, le notaire pourra, soit ajourner son débiteur pour faire déclarer ses offres insuffisantes, soit requérir taxe au Président et suivre la procédure ci-dessus indiquée.

Le plus souvent les honoraires se règlent amiablement entre le notaire et le client. Cependant si ce dernier pense que les honoraires par lui payés sont exagérés, il peut encore demander la taxe et suivre l'instance, en cas de contestations. Mais cette demande en taxe se prescrira par 2 ans du jour du paiement ou du règlement par compte arrêté, reconnaissance ou obligation.

La taxe des actes notariés peut donc être demandée, malgré toute stipulation contraire, et même après un règlement amiable suivi d'exécution entre les parties.

A la suite d'une adjudication volontaire, le vendeur et l'acheteur peuvent demander la taxe. Cependant si le cahier des charges impose à l'adjudicataire l'obligation de payer au notaire, pour frais et honoraires, en sus du prix, une somme proportionnelle à ce prix par exemple 13 pour cent, c'est au vendeur que doit profiter la réduction opérée par la taxe (cass. 20 juin 1860. — D. 61.1. 346).

Cependant, il a été décidé que, dans ce cas, le vendeur comme l'acheteur peuvent requérir taxe, sauf à débattre entr'eux la question de savoir qui, de l'un ou de l'autre, doit profiter de la réduction, s'il y en a une (Cass. 4 avril 1859, et Orléans 13 juillet 1857).

Par arrêt tout récent des 22 août 1882, la Cour de Cassation a encore décidé que la classe formant un forfait de frais de 12 centimes 1/2 du franc ne donne pas au vendeur le droit exclusif de bénéficier de la réduction des frais opérée par la taxe; l'acquéreur a le droit de revendiquer ce bénéfice, à l'encontre du vendeur. Tout ce qui concerne les frais dus aux officiers ministériels est d'ordre public.

Il est bien entendu que le taxateur n'est nullement lié par les tarifs des chambres de discipline. Il peut les consulter, et avoir tel égard que de raison, à leurs dispositions. Tout cela est laissé à la discrétion des taxateurs. Il n'y a pas là des points de droit, mais des faits qu'il s'agit d'apprécier (Cass. 10 mai 1858).

Le Président n'est point tenu de se conformer au tarif arrêté entre son prédécesseur et la chambre de discipline des notaires de l'arrondissement (Paris, 21 septembre 1866). — Il n'est pas tenu d'avantage de suivre le tarif rédigé par cette chambre. Un pareil tarif est dépourvu de toute force légale et obligatoire, et ne peut avoir de valeur que celle d'un simple renseignement (Cass. 29 septembre 1855. — Douai, 21 mai 1875. — Toulon, 18 février 1880, etc.). — De même l'audition du notaire et des parties avant la taxe est purement facultative. (Cass. 19 juin 1865).

Depuis bien longtemps, on a agité la question de savoir si on devait établir un tarif général des actes notariés, ou bien un tarif spécial pour chaque ressort de cour ou de tribunal. On a proposé, à différentes reprises, des solutions à cette question. Quant à nous, nous la croyons très difficile, surtout si on prend en considération tous les intérêts qui sont en jeu. Il vaut mieux s'en référer au Président, au tribunal et à la cour d'appel. Cette procédure introduite par la loi du 5 août 1881, indique que cette question de tarif unique est enterrée pour le moment.

31. — L'art. 4 de la loi du 5 août 1881 a introduit une innovation en faveur des avoués et des huissiers, qui ont reçu leurs honoraires par paiements ou règlements amiables. Comme les notaires, ils ne sont plus exposés à se voir, pendant 30 ans, sous le coup d'une demande en taxe ou d'une action en restitution de frais et honoraires qui leur ont été payés sans protestation. Ces demandes et actions sont prescrites par 2 ans du jour du paiement ou du règlement par compte arrêté, reconnaissance ou obligation. Ainsi un avoué reçoit ses frais et honoraires le 1er juillet

1882. Le client ne pourra plus demander, ni la taxe, ni la restitution de la somme payée en trop, après le 1er juillet 1884. — Auparavant, ces officiers ministériels étaient exposés, pendant 30 ans, à de pareilles actions. Vraiment, il n'y avait aucune sécurité pour eux et pour leurs héritiers.

32. — Les sommes dues pour les actes que les notaires ont passés avant le 5 août 1881, époque de la promulgation de la loi nouvelle, sont-elles soumises à la prescription de 5 ans, ou bien restent-elles regies par la prescription de 30 ans ? L'art. 5 répond à cette question. La courte prescription s'applique à cette espèce, et les 5 ans commenceront à courir du jour de la promulgation de la loi.

Si un client a payé, sans réclamation, à un notaire, à un avoué, à un huissier, ses frais et honoraires pour actes antérieurs à la loi nouvelle, ce client ne pourra demander ni taxe, ni restitution de sommes à ces officiers ministériels, que dans les 2 ans qui suivront la promulgation de ladite loi, c'est à dire jusqu'au 5 août 1883. C'est d'ailleurs le texte des dispositions de l'art. 5 ainsi conçu : « La présente loi sera applicable aux paiements et règlements effectuées, aux actes passés *antérieurement* à ce jour, et les prescriptions commencées et pour lesquelles il faudrait encore, d'après les lois actuelles, plus de 2 ans ou de 5 ans, seront acquises par l'expiration de ce délai, een suivant les distinctions déterminées par les articles précédents, à compter de la promulgation de la présente loi. »

Enfin ladite loi est applicable à l'Algérie et aux Colonies (art. 6).

CHAPITRE VIII

TARIFS DES FRAIS D'APRÈS LEUR ORDRE CHRONOLOGIQUE

I. — *Tarifs des frais en matière civile*

1807, 16 février. — Décret contenant le tarif des frais et dépens pour le ressort de la cour d'appel de Paris.

1807, 16 février. — Décret relatif à la liquidation des dépens.

1807, 16 février. — Décret qui rend commun à plusieurs cours d'appel et tribunaux le tarif des frais et dépens de ceux de Paris, et en fixe la réduction pour les autres (Lyon, Bordeaux, Rouen, Bruxelles).

1808, 12 juillet. — Décret concernant les droits de greffe.

1809, 11 juin. — Décret portant règlement sur les conseils de prud'hommes, rectifié par avis du Conseil d'Etat des 7-26 février 1810.

1824, 4 août. — Ordonnance concernant les indemnités des juges, officiers du ministère public, et greffiers qui, dans le cas prévu par l'art. 496 civ., se transportent à plus de 5 kilomètres de leur résidence.

1825, 9 octobre. — Ordonnance sur les droits des greffiers des tribunaux de 1re instance (cette ordonnance a été abrogée par le décret du 18 juin 1880).

1826, 18 janvier. — Ordonnance relative au tarif des dépens dans les procédures qui s'instruisent au Conseil d'Etat.

1833, 18 septembre. — Ordonnance contenant le tarif des frais et dépens pour les actes qui seront faits en vertu de la loi du 7 juillet 1833 sur l'expropriation pour cause d'utilité publique.

1841, 10 octobre. — Ordonnance contenant le tarif des frais et dépens pour les ventes judiciaires des biens immeubles.

1843, 18 juin. — Loi sur le tarif des commissaires priseurs.

1845, 21 juin. — Loi portant suppression des droits et vacations accordés aux juges de paix, et fixation du traitement de ces magistrats et de leurs greffiers.

1845, 6 décembre. — Ordonnance qui détermine le montant de l'indemnité de transport établie au profit des juges de paix par la loi du 21 juin 1845.

1848, 23 mars. — Décret relatif aux protêts.

1848, 8 avril. — Décret qui modifie le tarif relatif aux émoluments des greffiers et des huissiers audienciers près les tribunaux de commerce.

1851, 5 novembre. — Décret contenant le tarif des droits alloués aux officiers publics chargés de procéder à des ventes volontaires et aux enchères de fruits pendants par racines ou de coupes de bois taillis.

1853, 15 janvier. — Décret qui modifie l'art. 19 de l'ordonnance du 10 octobre 1841, contenant le tarif des frais et dépens relatifs aux ventes judiciaires de biens immeubles.

1854, 24 mai. — Décret portant fixation des émoluments attribués en matière civile et commerciale aux greffiers des tribunaux civils de première instance, et aux greffiers des cours d'appel.

1856, 12 juin. — Décret qui rend commun au tribunal de première instance et aux juges de paix de Marseille le tarif des frais et dépens décrété le 16 février 1807, pour le tribunal de première instance et les justices de paix de Paris.

1862, 1er décembre. — Décret concernant les allocations aux greffiers des cours d'appel, des tribunaux de première instance, des tribunaux de commerce et des justices de paix, ainsi qu'aux huissiers, à titre de remboursement de papier timbré.

1862, 13 décembre. — Décrets des 30 avril et 13 décembre 1862, qui rendent communs à la cour de Toulouse, et aux tribunaux de première instance et aux justices de paix de Lille, de Nantes et de Toulouse, le tarif réglé par la cour d'appel, le tribunal de première instance, et les justices de paix de Paris.

1871, 24 novembre. — Décret portant augmentation du tarif des greffiers et des huissiers.

1873, 29 décembre. — Loi relative au timbre des copies d'exploits et significations de jugements, actes ou pièces.

1880, 25 mars. — Décret portant qu'il sera tenu au greffe de chaque tribunal de commerce et de chaque tribunal civil jugeant commercialement un registre sur lequel seront inscrits pour chaque faillite les actes relatifs à la gestion des syndics.

1880, 18 juin. — Décret portant fixation des émoluments atbués aux greffiers des tribunaux de commerce.

1880, 7 septembre. — Décret relatif à la tenue au greffe de chaque tribunal de 1re instance d'un registre sur lequel seront inscrites toutes les liquidations et tous les partages ordonnés par le tribunal.

1881, 5 août. — Loi relative à la prescription des actions en taxe, en payement et en restitution des frais et honoraires des notaires, avoués et huissiers.

II. — *Tarifs des frais en matière criminelle*

An VII germinal. — Loi relative aux remboursement des frais de justice en matière criminelle.

An XIII, 5 pluviose. — Loi relative à la diminution des frais de justice en matière criminelle ou de police correctionnelle.

1808, 1er avril. — Décret contenant la taxe des citations et autres actes des gardes forestiers.

1811, 18 juin. — Décret contenant règlement pour l'administration de la justice, en matière criminelle, de police correctionnelle et de simple police, et tarif général des frais.

1813, 7 avril. — Décret qui modifie quelques dispositions de celui du 18 juin 1811 contenant règlement sur les frais de justice criminelle, correctionnelle et de simple police.

1819, 3 novembre. — Ordonnance concernant la comptabilité des frais de justice à recouvrer sur les condamnés.

1823, 6 août. — Ordonnance qui fixe la taxe à laquelle donne droit la capture d'un individu condamné à un emprisonnement n'excédant pas 5 jours.

1823, 30 décembre. — Ordonnance relative au recouvrement des amendes de police correctionnelle et de simple police, et à la répartition du produit de ces amendes.

1825, 10 mars. — Ordonnance concernant les indemnités auxquelles ont droit les magistrats qui, dans les cas prévus par les ordonnances des 5 et 26 novembre 1823, se transporteront à plus de 5 kilomètres.

1832, 28 juin. — Ordonnance relative aux sommes consignées par les parties civiles pour frais de procédure.

1838, 28 novembre. — Ordonnance relative à la liquidation et au paiement des frais de justice criminelle.

1844, 2 mai. — Ordonnance concernant les indemnités auxquelles auront droit les magistrats qui se transporteront à plus de 5 kilomètres de leur résidence, pour visiter des établissements consacrés aux aliénés.

1845, 2 mars. — Ordonnance sur la translation des prévenus et accusés dans les maisons d'arrêt et de justice.

1845, 5 mai. — Ordonnance concernant la gratification accordée aux gendarmes et gardes qui constateront des infractions à la loi du 3 mai 1844, sur la police de la chasse.

1846, 19 janvier. — Ordonnance concernant la taxe allouée aux gendarmes pour la capture des délinquants insolvables condamnés, à des amendes restitutions, dommages et frais, en matière criminelle, correctionnelle et de simple police.

1848, 19 avril. — Arrêté qui réduit à 1,500 fr. l'indemnité provisoire payée annuellement aux huissiers audienciers chargés du service criminel près la Cour d'appel de Paris.

1852, 4 août. — Décret qui modifie l'art. 3 de l'ordonnance du 5 mai 1845, concernant la gratification accordée aux gendarmes et gardes qui constateront des infractions à la loi du 3 mai 1844 sur la police de la chasse.

1855, 5 mai. — Loi portant fixation du budget général des dépenses et des recettes de l'exercice de 1856. (Art. 18 sur le port des lettres et paquets.)

1864, 14 septembre. — Décret qui abroge l'art. 2 et le 2e paragraphe de l'art. 6 de l'ordonnance du 30 décembre 1823, relative au recouvrement des amendes de police correctionnelle et de simple police et à la répartition du produit de ces amendes.

1880, 21 avril. — Décret qui alloue aux greffiers établis près les Cours et Tribunaux correctionnels et de simple police une rétribution de 5 centimes pour article du bordereau d'envoi, concernant les énonciations des extraits de tous les jugements portant condamnation.

CHAPITRE IX

NOTES SUPPLÉMENTAIRES SUR LES TARIFS.

33. — *Utilité de la loi du 5 août 1881.* — Cette loi à un double objet : sauvegarder les intérêts des notaires contre des répétitions imprévues et difficiles à combattre ; préserver les parties, de réclamations tardives et quelquefois injustes.

La loi organique du notariat du 25 Ventôse an XI disposait dans son art. 51, que les honoraires et vacations des notaires seraient réglés à l'amiable entr'eux et les parties, sinon par le tribunal civil de la résidence du notaire, sur l'avis de la Chambre, et sur simple mémoire sans frais. Le Décret du 18 février 1807, après avoir fixé les émoluments de certains actes en matière contentieuse, porte dans l'art. 173, que tous les autres actes du ministère des notaires, notamment les partages et ventes volontaires qui auront lieu pardevant eux, seront taxés par le président du tribunal civil de leur arrondissement, suivant leur nature et les difficultés que leur rédaction aura présentées, et sur les renseignements qui lui seront fournis par les notaires et par les parties.

Ces deux dispositions semblaient se concilier parfaitement. L'obligation pour le notaire de soumettre à la taxe les actes de son ministère n'était pas exclusive du droit d'en régler le coût à l'amiable, et du devoir pour toutes les parties de respecter le réglement. Toutefois, la jurisprudence n'avait pas consacré cette interprétation par des décisions unanimes. Jusqu'en 1837, l'avis avait prévalu que le décret de 1807 n'avait pas abrogé l'art. 51 de la loi de Ventôse an XI, c'est-à-dire que le réglement à l'amiable ne permettait plus de recourir à la taxe, et que, la convention faisant la loi des parties, la demande en restitution d'honoraires, volontairement payés, n'était pas fondée. Cette Jurisprudence, attestée par de nombreux arrêts de Cours d'appels et de la Cour de Cassation, rencontre sa confirmation dans une lettre du garde des sceaux au Procureur général de la Cour d'appel de Bourges, en date du 14 septembre 1828.

Mais depuis, il s'est produit des divergences d'opinions, et la Cour suprême, notamment, semble avoir définitivement posé en principe, par les arrêts des 1er décembre 1841 et 12 avril 1875, que le décret de 1807 a modifié la loi de Ventôse, que la taxe des actes notariés est d'ordre public, que les parties ne peuvent y renoncer par le réglement amiable ou le paiement volontaire, et qu'elles sont toujours en droit d'y recourir tant que la prescription n'est pas acquise; or, avant la nouvelle loi, quelle était cette prescription? C'était celle trentenaire. La conséquence de cette jurisprudence était que les notaires ne pouvaient avoir aucune sécurité pendant les 30 années qui suivaient le règlement amiable et volontairement exécuté, des honoraires qui leur étaient dûs.

Désormais, il n'en sera plus ainsi, la loi nouvelle, laissant à la Jurisprudence la solution de la difficulté relative à l'interprétation de la loi de Ventôse et du décret de 1807, restreint du moins le délai dans lequel le droit pourra s'exercer. Toute demande en taxe, toute action en restitution des honoraires dûs aux notaires pour les actes de leur ministère se prescrira par 2 ans (art. 2).

Le bénéfice de cette disposition est étendu aux avoués et aux huissiers par l'art 4.

L'art. 1er est la contre partie de l'art. 2. Il soumet à une prescription de 5 ans, l'action des notaires en paiement du coût de leurs actes. Cette disposition a pour objet d'éviter dans les études de notaires, en province surtout, une trop grande accumulation de recouvrements ; elle permettra en outre à la chancellerie de s'assurer plus exactement des produits des offices et d'exercer un contrôle plus efficace sur le prix des traités. Le délai de 5 ans a semblé suffisant pour préparer ses comptes, produire ses réclamations et actionner au besoin son débiteur.

34. — L'art 3 porte que la taxe des actes notariés régulièrement faite par le Président du tribunal donnera ouverture à une exécutoire qui sera délivré, sur la réquisition du notaire, par le greffier. Cet exécutoire sera susceptible d'opposition de la part de la partie. Cette disposition nouvelle semble supprimer la nécessité d'introduire une instance en justice pour obtenir le recouvrement de la taxe. Cependant la jurisprudence paraît laisser l'option entre l'action civile en condamnation et l'exécutoire que les parties peuvent obtenir aux termes de l'article 3 de la loi du 5 août 1881. — Le tribunal de Chambéry, par jugement du 30 décembre 1882, laisse cette option au notaire. En effet, aucune disposition de la nouvelle loi ne révoque le bénéfice de l'art. 60 proc. qui, d'après une jurisprudence constante, autorise les notaires comme les avoués à assigner leurs clients débiteurs, devant le tribunal de première instance, en payement de leurs frais. S'il est dans l'esprit de la nouvelle loi de procurer aux notaires une plus grande célérité pour le payement de leurs avances et en même temps de protéger les intérêts des parties en ménageant les frais de justice, il faut convenir que, dans cette loi de 1881, rien n'autorise à penser que le législateur ait entendu priver les notaires du droit, reconnu à tout créancier, d'obtenir contre son débiteur la garantie d'une hypothèse judiciaire, au moyen d'un jugement de condamnation. — Un jugement du tribunal de Largentière du 21 mars 1882 statue dans le même sens ; et Dutruc, dans son bulletin de la taxe, année 1882, p. 151, approuve cette sentence (*contrà*. Tribunal de la Seine 19 août 1882).

Quant à nous, nous pensons que le notaire, pour le recouvrement de ses frais, a l'option, ou bien de prendre la voie de l'exécutoire, ou bien d'agir en justice conformément à l'art. 60 proc. La loi nouvelle du 5 août 1881 ne prohibe pas cette action, et le notaire comme l'avoué, peut assigner ses clients débiteurs devant le tribunal de première instance en paiement de ses frais et obtenir ainsi une hypothèque judiciaire.

35. — Il résulte du décret supplémentaire de 1807 que, tandis que l'officier ministériel de celui qui a gagné son procès, peut recouvrer ses frais contre la partie condamnée, au moyen de la liquidation en matière sommaire, et simplement au moyen de la taxe du juge et d'un exécutoire en matière ordinaire (art. 1 à 8 de ce décret), l'officier ministériel vis-à-vis son propre client est toujours forcé d'employer la voie plus longue et plus coûteuse de l'action en justice par assignation (art. 9).

Cette apparente singularité s'explique très juridiquement. L'exécutoire de dépens délivré à l'avoué de la partie gagnante contre son adversaire et la taxe du juge qui le précède, ont en effet leur source et leur base légale dans le jugement de condamnation. Au contraire, vis-à-vis de son propre client, l'officier ministériel n'a aucun titre pareil, pouvant servir de base au pouvoir du juge de taxer et à la délivrance d'un exécutoire ; il n'a que son contrat de mandat et son droit de mandataire salarié, d'où nécessité pour lui de procéder par voie d'assignation devant le tribunal, seul compétent pour apurer sa créance et prononcer une condamnation.

Il est facile d'apercevoir que telle ne peut pas être la situation d'un huissier qui, au lieu d'être le mandataire des parties, est délégué par la justice pour procéder à une vente mobilière ou toute autre opération. Mandataire de justice et non d'une partie, on ne peut lui appliquer l'art. 9 et le rendre justiciable, pour la taxe de ses frais, du tribunal saisi par lui d'une action en paiement. Commis par une sentence judiciaire, celle-ci devient la source du pouvoir d'un des juges de le taxer, et si, besoin est, de la délivrance d'un exécutoire; sa situation est celle de l'expert, du séquestre; elle rentre dans le principe général de l'art. 2 du décret complémentaire de 1807: liquidation des dépens par un des juges, laquelle liquidation s'étend à tous les dépens dont l'allocation procède d'une sentence judiciaire, portant condamnation à ces dépens, ou mandement de les exposer pour obtempérer à justice.—L'huissier, ainsi commis par justice, doit donc se faire taxer par le juge en vertu de l'art. 42 du tarif de 1807, et ne peut agir en vertu de l'art. 9 du décret supplémentaire de 1807. Quant à la partie qui a exécuté cette taxe ainsi faite, elle est non recevable à la critiquer ultérieurement. (Nancy, 29 décembre 1881).

36. — Le notaire qui a fait l'avance des frais d'un acte de vente, a le droit, par application de l'art. 1166 civ. de se faire colloquer par privilége et pour le montant de ses frais, comme le vendeur aurait pu le faire par lui-même, s'il eut été obligé de les payer au notaire. En effet, les frais et loyaux coûts du contrat de vente d'un immeuble, payés par le vendeur en l'acquit de l'acquéreur, doivent être considérés comme un accessoire du prix, et, par suite, sont privilégiés, de même que le prix principal. (Cass., 1er avril et 1er décembre 1863.—Lyon, 23 mars 1865. Nîmes, 14 mars 1872).

Il a été jugé que les frais et loyaux coûts, que le vendeur a a payés (ou se croit menacé, par l'insolvabilité de l'acquéreur, d'avoir à payer pour lui au notaire), sont un accessoire du prix de vente et doivent, comme tels, être compris dans le privilége du vendeur. (Paris, 4 juin 1881).

Il ne faut pas oublier que, d'après une jurisprudence assez constante, le notaire a, pour le remboursement de ses frais une action solidaire contre chacune des parties à l'acte, à l'occasion duquel ils ont été faits. (Cass., 25 juin et 15 nov. 1820. — 19 av. 1826. — Lyon, 20 février 1867. — Aix, 29 février 1876.— Paris, 4 juin 1881). — Donc, si l'acquéreur ne peut ou ne veut payer, le notaire peut s'adresser au vendeur, et agir pour celui-ci dans un ordre ouvert sur le prix, en produisant pour obtenir collocation, à titre de privilége, comme le prix lui-même, pour ses frais et loyaux coûts de l'acte de vente.—Aussi les juges ne sauraient se fonder sur de simples présomptions pour décider qu'un notaire a renoncé, à l'égard de quelques-unes des parties, à l'action qui lui appartient contre *toutes* les parties intéressées dans un acte, afin de remboursement des droits d'enregistrement dont il a fait l'avance. (Tribunal de Bourges, 11 juillet 1879).

Cependant la cour de cassation a jugé, le 9 avril 1850, que le notaire, qui a remis au vendeur la grosse de l'acte de vente, est présumé lui avoir fait la remise de la dette éventuelle dont il pouvait être tenu vis-à-vis de lui, et qu'en pareil cas, le notaire n'a aucun privilége pour se faire rembourser ses frais. Mais, en général, le notaire qui a fait pour les parties l'avance des frais du contrat de vente passé devant lui a, tant contre le vendeur que contre l'acquéreur, une action solidaire pour en obtenir le remboursement.

Le taxateur d'un acte notarié doit avoir sans cesse à l'esprit, l'idée que l'émolument doit être proportionnel à la responsabilité. Ainsi, un notaire dépositaire d'un testament olographe doit demander moins d'honoraires que s'il était rédacteur et dépositaire d'un testament authentique. Une chance de perte est incomparablement plus faible qu'une chance de nullité. Les questions de taxe offrent des aspects si divers qu'il est bien difficile d'y donner une solution raisonnée et placée hors de controverse. Aussi on comprend facilement que le législateur hésite à faire un tarif plus ou moins général, en soumettant les actes tantôt à un droit fixe, tantôt à une taxe proportionnelle. Puissent les sages fixations faites pour les taxateurs, prévenir de pénibles conflits entre les notaires et leurs clients !

37. — I. En matière civile, les experts nommés par justice sont taxés d'après les art. 159 à 165 du premier tarif du 16 février 1807. Il est taxé aux experts, par chaque vacation de trois heures, quand ils opèrent dans les lieux où ils sont domiciliés ou dans la distance de deux myriamètres, savoir : dans le département de la Seine, pour les artisans et laboureurs, 4 fr.; pour les architectes et autres artistes, 8 fr.; — dans les autres départements, aux artisans et laboureurs, 3 fr., aux architectes et autres artistes, 6 fr. Ainsi, quand ils opèrent chez eux, les experts ne peuvent faire, chacun, que trois vacations par jour.

L'opération peut avoir lieu dans un endroit éloigné de la résidence des experts, alors il leur est alloué des frais de voyage. Ainsi, au delà de deux myriamètres, pour frais de voyage et nourriture, aux architectes et autres artistes, soit pour aller, soit pour revenir : à ceux de Paris, 6 fr., à ceux des départements, 4 fr. 50 c.

Etant arrivés au lieu de l'opération, les experts peuvent être obligés d'y rester plusieurs jours. Dans ce cas, il leur sera alloué pendant leur séjour, à charge de faire quatre vacations par jour, à ceux de Paris, 32 fr., à ceux des départements, 24 fr. La taxe sera réduite dans le cas où le nombre de quatre taxations n'aurait pas lieu. Aussi, dans le cas de déplacement, les experts peuvent faire quatre vacations par jour, tandis que, dans le lieu de leur domicile, ils ne peuvent en faire que trois.

Un exemple va expliquer ces textes. Ainsi, un architecte ou un chimiste va de Paris à Bordeaux et fait 57 myriamètres. Pour revenir il fait le même trajet de 57 myriamètres : au total 114 myriamètres. A raison de 6 francs par myriamètre (6×114), on arrive à la somme de 684 fr., à laquelle il faut ajouter pour une journée de séjour 32 fr. — L'expert pourra donc réclamer pour ce voyage et une journée de vacations, 716 fr.

Si c'était un expert de Bordeaux qui viendrait à Paris, la vacation ne serait que de 6 fr. au lieu 8 ; et les frais de voyage seraient de 4 fr. 50 au lieu de 6 fr. par myriamètre.

Pour déposer son rapport au greffe, l'expert a droit à une vacation. Mais s'il est obligé, pour effectuer ce dépôt, de faire plus de 2 myriamètres, il lui est accordé, en ce cas, par myriamètre le cinquième de sa journée de campagne, laquelle est de 32 fr. pour un architecte de Paris et de 24 fr. pour un architecte des départements. Ce cinquième est, d'un côté, 6 fr. 40, et de l'autre côté 4 fr. 80. Cette augmentation se conçoit, car l'expert ne procède plus à aucune opération ; il dépose son rapport, et il perd son temps à attendre le départ du train qui doit le ramener à son domicile. — Souvent le dépôt du rapport se fait par lettre chargée et recommandée à l'adresse du greffier.

II. En matière criminelle, il y a souvent lieu à expertise, à l'aide de médecins, de chimistes, de comptables, etc.

Ces experts ont droit : 1° à des honoraires et vacations ; 2° à des frais de voyage quand ils se déplacent.

Les honoraires et vacations sont fixés dans les articles 16 à 25 du tarif criminel du 18 juin 1811. Généralement la vacation pour un médecin est à Paris, 6 fr. ; — dans les villes de 40,000 habitants, 5 fr.; — dans les autres localités, 3 fr. — Dans le cas où il s'agira d'autopsie, l'honoraire sera de 9, 7 ou 5 fr. suivant les distinctions ci-dessus.

Un chimiste fait des expériences, il emploie plusieurs vacations, et il achète des fournitures. D'abord, il a le droit de se faire rembourser les fournitures nécessaires à l'opération. Chaque vacation doit être de 3 heures à raison de 5 f. à Paris, de 4 f. dans les villes de 40,000 habitants et au-dessus, et de 3 fr. dans les autres localités. Les vacations de nuit seront payées moitié en sus. Il ne pourra être alloué pour une journée que 2 vacations et 1 de nuit.

Ainsi nous engageons les experts à indiquer dans leur état de frais, la date de leurs opérations, afin que le taxateur et ensuite la Cour des comptes puissent vérifier qu'on n'a pas excédé le nombre de trois vacations par jour.

Quant aux frais de voyage, ils sont déterminés par les articles 90 et 91 du tarif du 18 juin 1811. Il est accordé des indemnités aux médecins, experts, etc., lorsqu'ils sont obligés de se transporter à plus de 2 kilomètres de leur residence. Cette indemnité est réglée par myriamètre parcouru en allant et en revenant, savoir : pour les médecins, experts, etc., à 2 fr. 50, etc. (art. 91). Cette indemnité est réglée par myriamètre et demi-myriamètre. Les fractions de 8 ou 9 kilomètres seront comptés pour un myriamètre, et celles de 3 à 7 kilomètres pour un demi-myriamètre.

Quant aux témoins, l'indemnité de transport était fixé à 1 fr. 50 par myriamètre, d'après l'art. 91 du décret de 1811. Mais un décret du 7 avril 1813 (art. 2) alloue aux témoins domiciliés à plus d'un myriamètre, pour indemnité de voyage, s'ils ne sortent pas de leur arrondissement, 1 fr. par myriamètre parcouru en allant et autant pour le retour. S'ils sont appelés hors de leur arrondissement, cette indemnité est de 1 fr. 50.

Dans tous les cas où les médecins, experts, etc., seront appelés soit devant le juge d'instruction, soit aux débats, à raison de leurs déclarations, visites ou rapports, les indemnités dues pour cette comparution leur seront payées comme à des témoins. Tel était le prescrit de l'art. 25 du décret de 1811. Ainsi leur voyage pour faire leurs opérations était payé à raison de 2 fr. 50

par myriamètre (art. 91); tandis que leur voyage pour aller déposer comme témoin leur était payé à raison de 1 fr. ou de 1 fr. 50 par myriamètre (décret de 1811 et de 1813). Une circulaire du Ministre de la justice, du 7 décembre 1851, maintient pour leurs dépositions comme témoins, ou pour leurs opérations, une même indemnité de voyage de 2 fr. 50 par myriamètre (art. 91).

38. — Il existe aussi une indemnité de voyage que peuvent réclamer les parties qui sont en instance. Un arrêt de la Cour de Cassation, du 2 août 1882, décide que cette indemnité fixée par l'art. 146 du 16 février 1807 n'est pas due en matière sommaire, et par suite en matière commerciale. L'art. 146 est ainsi conçu : « Lorsque les parties feront un voyage et qu'elles se seront présentées au greffe, assistées de leur avoué, pour y affirmer que le voyage a été fait dans la seule vue du procès, il leur est alloué, quels que soient leur état et leur profession, pour frais d voyage, séjour et retour, 3 fr. par chaque myriamètre de distance entre leur domicile et le tribunal où le procès sera pendant, et à l'avoué, pour vacation au greffe : Paris, 1 fr. 50 ; ressort 1 fr. 15. — Il ne sera passé en taxe qu'un seul voyage en première instance et un en cause d'appel. La taxe pour la partie sera la même dans l'un et l'autre cas. Cependant, si la comparution d'une partie avait été ordonnée par jugement, et qu'en définitive, les dépens lui fussent adjugés, il lui sera alloué pour cet objet, une taxe égale à celle d'un témoin. »

Cette disposition est inscrite au chapitre II, titre II, du tarif relatif à la taxe en matière *ordinaire*. En ce qui concerne les matières *sommaires*, dans lesquelles rentrent les affaires commerciales, la taxe a été réglée par le chapitre Ier du même titre. Et ce chapitre ne contient aucune disposition reproduisant, pour les matières sommaires, ce que l'art. 146 a réglé pour les matières ordinaires.

On peut toutefois prétendre que cette indemnité doit être allouée à titre de déboursés par application de l'art. 67 du tarif. Mais, en admettant que, dans son paragraphe final, l'art. 67 ait en vue des déboursés faits par la partie et non pas seulement des déboursés faits par l'avoué, il faut rechercher à quel titre la partie réclame cette indemnité. Si c'est en vertu de l'art. 146

du tarif de 1807, elle ne pourra lui être accordée. — C'est ainsi que l'a jugé l'arrêt de la Cour suprême du 2 août 1882 qui casse un arrêt de la Cour de Paris du 16 mars 1880.

39. — Dans un arrêt du 22 août 1882, la Cour de Cassation persiste dans sa jurisprudence qui déclare atteinte d'une nullité d'ordre public et que chaque partie peut invoquer, toute stipulation déterminant, en dehors des dispositions du tarif, les frais et honoraires du notaire, particulièrement en matière de vente publique volontaire (Cass., 7 décembre 1847, — 4 avril 1859, — 20 juin 1860, — 7 avril 1875, — Rouen, 21 mai 1859, — Paris, 29 décembre 1859 et 17 mai 1866, — Nancy, 28 mars 1879, — Amiens, 3 mai 1880.)

Cependant la Cour de Paris, par arrêt du 30 janvier 1860, a décidé que, dans le cas où le cahier des charges d'une vente aux enchères devant notaire oblige l'adjudicataire à payer à ce dernier, pour les frais et honoraires, tant pour cent du prix principal en sus de ce prix, le vendeur seul a le droit de requérir la taxe et de profiter de la réduction qui en résulte. (Orléans, 10 juin 1864.)

Au contraire, la Cour de Cassation, par son arrêt ci-dessus, du 22 août 1882, en refusant à une telle clause tout effet, même en faveur du vendeur, et en déniant à celui-ci le droit de profiter de la réduction opérée par le juge taxateur, attribue virtuellement à l'adjudicataire seul le bénéfice de cette réduction. Cette interprétation nous paraît très juridique ; en effet, à quel titre le vendeur se prévaudrait-il d'une réduction portant sur des frais payables en sus du prix d'adjudication et constituant pour l'adjudicataire une charge distincte, quoi qu'on puisse dire, du prix que doit toucher le vendeur ? Puisque la stipulation du cahier des charges est frappée d'une nullité absolue (ce qui n'est plus désormais contestable), ce n'est pas certes en vertu de cette stipulation que le vendeur peut prétendre à la différence entre les frais et honoraires qu'elle a arbitrairement déterminés et le montant de la taxe.

FIN.

TABLE DES MATIÈRES

CHAPITRE V.

CHAPITRE VI.

CHAPITRE VII.

CHAPITRE VIII.

CHAPITRE IX.

NOTES SUPPLÉMENTAIRES.

FIN

Arras. — Imp. Sueur-Charruey, 20 et 22 Petite-Place.

www.ingramcontent.com/pod-product-compliance
Ingram Content Group UK Ltd.
Pitfield, Milton Keynes, MK11 3LW, UK
UKHW021111290826
14628UKWH00014B/1601

9 782019 663162